中国旅游饭店业协会 推荐

跟我学饭店服务

酒吧服务

学习手册

旅游行业培训教材研发中心组织编写

栗书河 主编

旅游教育出版社

·北京·

出版说明

随着申奥成功和中国旅游业的迅猛发展,对中国饭店业在服务与管理上提出了更高要求。作为饭店产品生产者和提供者的最广大基层服务人员,其素质高低直接影响到人们对中国饭店业的整体评价。积极开展岗前培训和在岗培训是提高饭店从业者劳动素质、强化其职业能力的有效措施。

目前,我国适用于饭店业短期培训的教材及配套教学 VCD 还是一个空白点。为适应饭店业短期培训的需要,推动旅游饭店职业培训工作,提高培训质量,在中国旅游饭店业协会的大力倡导下,在全国各旅游学校及饭店业的积极参与下,我们成立了旅游行业培训教材研发中心,对涉及饭店业各服务岗位的知识模块、技能要求、操作规范等进行了详细论证和研究,组织业内专家编写了这套《跟我学饭店服务》。

全套教材,分为学习手册、训练手册和配套教学 VCD 三个系列:

学习手册,内容涉及前厅、客房、餐厅、酒吧、茶吧、康乐等数个职业岗位群的多项服务技能,内容涵盖了基础知识、岗位素质、业务技能、操作流程四大主题,每一主题下设若干模块,每一模块下设若干知识点。

训练手册,是学习手册的有效补充,它回顾了学习手册中的重点知识和内容,下设训练提示、单元重点回顾、练习指导、请你分析、自我评估、考考你等若干训练点,培训老师和学员可根据自己的实际情况,有选择地进行强化练习。

教学 VCD,全面展示了饭店主要工种、主要岗位的服务流程及操作标准,通过演员规范的动作和专业的讲解,让学员掌握每一环节的操作规范,并加以模拟操练,不断提高规范服务能力和应变能力。

与同类出版物相比,《跟我学饭店服务》具有以下特点:

第一,可操作性强。全套教材以读者的实际需要为出发点,紧密结合饭店工作实际,结合新技术、新理念在旅游饭店的实际运用,在编写中坚持"用什么,编什么"的原则。理论知识言简意赅,以够用为度,在实际操作环节中,条理清晰,操作规范,重在学员服务技能的培养。

第二,内容简洁。全套教材文字简练且生动,书中没有过多的文字描述,主要运用各种流程表,说明技能操作的步骤及服务质量标准。

第三,紧扣职业技能鉴定。全套教材紧紧围绕国家职业技能鉴定的内容和要求,在基本保证知识连贯性的基础上,着眼于技能操作,突出针对性、实用性。使读者在学完全套教材后,对饭店业各工种职业技能鉴定的范围和内容有一定的了解。

第四,联动效应强。全套教材实现了学习、训练、模拟演练的联动,学员边看边学、边学边练,更能起到强化技能、规范操作的作用。

第五,版式设计活泼。在行文中穿插了案例、服务小贴士、练习指导、自我评估等知识点,旨在增加读者的认知力和理解力。训练手册中还有操作图解、趣味性图片,寓教于乐,使枯燥的学习变成有趣的游戏。

本套教材既可供各旅游企业、各地旅游培训部门对各岗位员工进行岗前培训或在岗培训,也可供旅游企业各工种员工在参加考核前自学，同时也是各旅游职业学校学生就业培训的良师益友。

教材的出版是一个不断完善的过程，作为国内唯一的一家旅游教育专业出版社，希望得到广大读者一如既往的关心和支持。对教材使用中的问题，更希望得到广大读者的积极反馈，我们定会不断以专业的精神提高我社教材的专业品质，回报广大师生与读者对我们的厚爱。

旅游教育出版社

目　录

第一单元

基础知识篇

模块1

酒吧简介

知识点一：认识酒吧

酒吧一词来自英文“Bar”的谐音，原意是指一种出售酒的长条柜台，是昔日水手、牛仔、商人及游子消磨时光或宣泄情感的地方。现在，酒吧通常被认为是各种酒类的供应与消费场所。

酒吧地域集中，一般设在星级饭店内或相对集中并已形成酒吧氛围的街面上。其营业时间长，一般从下午或晚间开始营业直至次日凌晨。

酒吧有鲜明的主题，体现出不同的风格、特色。这里提供各种饮料服务，轻柔的音乐声中，客人可一人浅酌独饮，亦可邀请朋友开怀畅饮，一醉方休。

经过数百年的发展演变，各种崇尚现代文明、追求高品位生活、健康优雅的“吧”正悄然走进人们的休闲生活，成为现代都市中一道亮丽的文化风景线。

知识点二:酒吧的分类

(一)根据服务方式分类

1. 主酒吧(Open Bar 或 Main Bar)

主酒吧也叫鸡尾酒酒吧,在国外也有叫"English Pub"或"Cash Bar"的。这类酒吧的特点是客人喜欢坐在吧凳上直接面对调酒师,当面欣赏调酒师准备材料、调制酒水和提供服务的全过程。这类酒吧装饰高雅、美观、有特色,讲究内部布局及酒水摆设。客人饮酒时间较长。

英式酒吧

2. 服务酒吧(Service Bar)

这类酒吧在所有的中、西餐厅中都有设置。主要为宾客提供各种饮料服务。调酒师不直接与客人打交道,只要按酒单提供服务即可。服务酒吧要求有品种齐全的葡萄酒、烈性酒、啤酒及各种软饮料。调酒师除掌握调酒的知识技能外,还要对餐饮搭配知识有更多的了解。

3. 宴会酒吧(Banquet Bar)

宴会酒吧又被称为临时酒吧,是根据宴会形式和人数临时而设的酒吧,变化很多。

4. 酒廊(Lounge)

酒廊通常带有咖啡厅的形式特征,其风格及装修布局与咖啡厅很相似。这类酒吧一般设在饭店大堂,也称为大堂酒吧(Lobby),主要为饭店客人服务,供客人暂时休息、等人、等车时用。

酒廊

5. 外卖酒吧(Catering Bar)

是宴会酒吧的一种特殊形式。酒吧工作人员需将酒水和各种应用器具准备好,送到预订单位指定的场地内,摆设成酒吧,提供酒水服务。

（二）根据服务类型分类

1. 纯饮品酒吧

又称水吧，相对于提供食品的酒吧而言，此类酒吧主要提供各类饮品，但也有一些佐酒食品。

2. 餐厅酒吧

这类酒吧与服务吧有很多相似之处。绝大多数餐厅都设有酒吧或吧台，这种附属于餐厅的酒吧台大部分只是餐厅中经营食物的辅助品，仅作为吸引客人消费的一种手段，所以，其酒水销售利润相对于单纯的酒吧要低得多，品种也较少。

3. 娱乐酒吧

这类酒吧往往配备有乐队、舞池、卡拉 OK、时装表演、游艺设施等，有时甚至以娱乐为主、以经营酒吧为辅，主要满足客人寻求刺激和发泄的消费需要。此类酒吧气氛热烈、活泼，对比强烈的灯光设计和火暴的音乐会使人冲动、兴奋，在这样的氛围中，人们的心情会彻底放松，大多数青年人都较喜欢这种刺激、豪放类的酒吧。

4. 休闲酒吧

此类酒吧也可称为茶座，是客人在紧张的旅行之后或公务之余松弛精神、怡情养性的场所，方便客人放松、谈话、约会。酒吧座位舒适、灯光柔和、音响音量小、环境温馨优雅，供应的饮料品种以软饮料为主。

5. 俱乐部、沙龙酒吧

这是一种由具有相同兴趣、爱好、职业背景、社会背景等的人群组成的松散型社会团体，在某一特定酒吧定期聚会，谈论共同感兴趣的话题，交换意见及看法，同时有饮品供应的酒吧。如在城市中可看到的“企业家俱乐部”“股票沙龙”“艺术家俱乐部”“单身俱乐部”等。

俱乐部酒吧

（三）根据经营形式分类

◆ 附属经营酒吧

1. 娱乐中心酒吧

娱乐中心酒吧附属于大型娱乐中心，客人在娱乐之余，往往要到酒吧饮酒，以提高其兴致。此类酒吧往往供应含酒精量低的饮品及不含酒精的饮品，属增兴服务，使客人在运动、兴奋之余，获得另一种状态的休息和放松。

2. 购物中心酒吧

大型购物中心或商场也常设有酒吧,供人们在购物时稍事休息用,主要经营不含酒精的饮料。

3. 饭店酒吧

为旅游住店客人特设,也接纳当地客人。饭店中的酒吧往往是某一地区或某个城市中最好的酒吧,其设施设备齐全、服务项目繁多,客房中有迷你小酒吧,大厅有大堂酒吧,还可设歌舞厅及酒廊,另外还有主酒吧,可根据饭店自身特点及客人不同喜好开展各种服务。

4. 飞机、火车、轮船酒吧

为了让旅客在旅途中消磨时光、增加兴致,在飞机、火车、轮船上也常设有酒吧,但仅提供无酒精饮料及低度酒精饮品。

◆ 独立经营酒吧

此类酒吧单独设立,与其他经营单位无明显附属关系。其经营品种较全,服务及设施较好,或有其他娱乐项目。交通方便,集中于街巷、闹市等人口密集的地方。

1. 市中心酒吧

大部分酒吧都建在市中心。市中心酒吧的设施和服务一般都较全面,常年营业,顾客逗留时间较长,消费也较多,竞争压力也较大。

2. 景点酒吧

设在海滨、森林、温泉、湖畔等风景旅游地,供游人在游览之余放松及娱乐,一般配备有舞池、卡拉 OK 等娱乐设施,但所经营的饮料品种较少。

3. 交通终点酒吧

设在机场、火车站、港口等旅客中转地,供旅客消磨时间、休息放松用。其经营品种较少,服务设施相对简单,但收费较高。在此类酒吧消费的客人一般逗留时间较短,消费量也较少,但座位周转率很高。

知识点三:酒吧结构与吧台设置

(一)酒吧结构设置

酒吧一般由以下几个部分组成:

1. 吧台

吧台是酒吧向客人提供酒水及其他服务的工作区域,是酒吧的核心。通常由吧台(前吧)、吧柜(后吧)以及操作台(中心吧)组成。吧台大小及组成形状因具体条件不同而有所不同。

2. 音控室

音控室是酒吧灯光音响的控制中心。不仅为酒吧座位区或包厢的客人提供音乐服务，而且为整个酒吧进行音量调节和灯光控制，以满足客人听觉上的需要。音控室一般设在舞台，也有根据酒吧空间条件设在吧台内外的。

3. 舞台

舞台是一般酒吧不可缺少的组成部分，是为客人提供演出服务的区域。根据酒吧的不同功能，舞台面积也有所不同。舞台一般还附设有小舞池，供客人享用。

4. 座位区

座位区是客人的休息区，也是客人聊天、交谈的主要场所。因酒吧不同，座位区的布置也各不相同。

5. 卫生间

卫生间是酒吧不可缺少的设施，其设施档次的高低及卫生洁净程度在一定程度上反映了酒吧的档次。

6. 娱乐活动区

娱乐项目是酒吧吸引客源的主要因素之一，所以选择何种娱乐项目、规格有多大、档次是高是低……都要符合经营目标。酒吧娱乐项目主要有飞镖、棋牌、游戏等。

（二）吧台结构设置

吧台的样式多种多样，为操作方便及视觉美观，在设计时应注

意以下几点：

1. 吧台既不能太高，也不能太宽。一般高度为 110～120 厘米，但这种高度应视调酒师的平均身高而定，正确的计算方法为：

吧台高度 = 调酒师平均身高 ×0.618

吧台宽度标准应为 60～70 厘米（其中包括外沿部分，即顾客坐在吧台前时放置手臂的地方），吧台的厚度通常为 4～5 厘米。

选用吧台的表面材料应考虑坚固、易于清洁。

2. 前吧下方的操作台高度应在调酒师手腕处，这样比较省力，一般为 70 厘米左右，但也并非一成不变，应根据调酒师的身高而定。操作台宽度为 40 厘米，应以不锈钢制造以便清洗消毒。操作台通常包括下列设备：双格洗涤槽带沥水（具有初洗、刷洗、沥水功能）或自动洗杯机、水池、贮冰槽、酒瓶架、杯架以及饮料机或啤酒机等。

3. 后吧高度通常为 170 厘米，但顶部不可高于调酒师伸手可及处。下层一般为 110 厘米左右，或与吧台（前吧）等高。后吧实际上起着储藏、陈列的作用，上层橱柜通常陈列酒具、酒杯及各种瓶装酒，一般多为配制混合饮料的各种烈性酒；下层橱柜存放红葡萄酒及其他酒吧用品；安装在下层的冷藏柜则可用来冷藏白葡萄酒、啤酒以及各种水果原料。

4. 前吧至后吧的距离，即服务员的工作走道一般为 1 米左右，且不可有其他设备向走道突出。走道的地面应铺设防滑塑料或木头条架，以缓解服务员因长时间站立而产生的疲劳。服务酒吧中的服务员走道应相应增宽，有的可达 3 米左右，因为餐厅中时有宴会，饮料、酒水供应量变化较大，而较宽余的走道便于在供应量较大时堆放各种酒类、饮料及原料。

模块 2

酒吧设备、用具与载杯

知识点一：吧台设备

1. 冰槽

冰槽是不锈钢制成的盛装冰块的容器。一般分为两个槽，分别用于盛装碎冰和冰块。

2. 酒瓶陈放槽

用来存放需冰镇的酒，如葡萄酒等。

3. 瓶架

吧台操作要求将常用酒放在便于操作的位置，其他酒陈放在吧柜里。瓶架用来陈放常用酒，一般为烈性酒，如威士忌、白兰地、金酒、伏特加等。

4. 碳酸饮料喷头

含碳酸饮料的酒水在酒吧都有配出装置，即喷头。常见喷头可以接饮 6 种不同的碳酸饮料，原理等同于市面上的可乐机。不同的是，喷头上集中了 6 种不同的饮料的出口管，按不同按键时就能喷出不同的饮料。

5. 搅拌器

酒吧的搅拌器用于混合奶、鸡蛋等。在电动机轴上,装上带一定形状的搅拌叶,当打开电源时,电动机的轴旋转,从而使搅拌器随之旋转。

6. 果汁机

果汁机一般由盛水果的玻璃缸和装有电动机的底座两部分构成。当使用果汁机时,应使底座和玻璃缸切实套好,然后将水果等材料切成小块放入玻璃缸中盖紧。开动电开关时,应先以低速旋转,过两三秒后再改用高速。

7. 洗手槽

专供调酒师洗手用。

8. 冰杯机

酒吧里的净饮、鸡尾酒、冷冻饮料、冰激凌、啤酒等都需要用冰杯服务。冰杯机的温度应控制在4~6℃左右,当杯离开冰杯机时即有一层雾霜。冰杯机里有很多层杯架。其工作原理与冰箱相同。

9. 洗杯槽

一般为三格或四格杯槽,放置在两个服务区中心或最便于调酒师操作的地方。三格中一格用于清洗,二格用于冲洗,三格用于消毒清洗。

10. 沥水槽

洗杯槽两边设有沥水槽,用于控干洗过的杯子上的水。其工作原理是，将玻璃杯倒扣在沥水槽上，让杯里的水顺槽沟流回池内。

11. 杯刷

杯刷一般放置在有洗涤剂的清洗槽中（第一格槽）。调酒师将杯扣放在杯刷上，向下压杯的底部，并旋转杯身即可。如用电动刷杯器，只需将杯倒扣后按住杯底，按一下电钮即可，这样能洗净杯的里外和杯身。经刷洗过的杯子，应放到冲洗槽中冲洗，然后放到消毒槽中消毒，最后放到沥水槽上控干。

12. 垃圾箱

用来盛放各种废弃物。垃圾箱内放有垃圾袋，要经常清扫，至少每天一次。

13. 空瓶存放架

用来装空的啤酒瓶和饮料瓶，然后扔到垃圾箱中；其他空的酒瓶必须定期收集，然后到储藏室换领新酒。有时，可直接将空瓶运到储藏室存放。

14. 制冰机

每个酒吧都少不了制冰机，大型酒吧的制冰机是吧台的一部分。每个制冰机只能制成某一形状和型号的冰块，如方冰块、圆冰块和菱形冰块等。在选购制冰机前应事先确定所需要冰块的种类，选购时，需要考虑两个因素：24 小时的制冰量、冰块的大小和形状。

15. 扎啤机

扎啤服务设备是由啤酒柜、柜内的啤酒罐、二氧化碳罐和柜上的啤酒喷头以及连接喷头和罐的输酒管组成。输酒管越短越好。根据酒吧条件,扎啤设备可放在吧台(前吧)下面,也可放在后吧。如果吧台区域小,扎啤机可放在相邻的储藏室内,用管把酒头引到吧台内。扎啤操作较简单,只需按压开关就会流出啤酒。最初几杯啤酒泡沫较多是正常现象。

16. 储藏设备

储藏设备是酒吧不可缺少的设施,按要求一般设在后吧区域。酒瓶陈列柜台主要陈放一些烈性名贵酒,既能陈放又能展示,以此来烘托酒吧的气氛,激起客人的消费欲望;冷藏柜用于冷藏酒品、饮料及食品,如碳酸水、葡萄酒、香槟酒、水果、鸡蛋、奶及其他易变质食品等;储藏柜用来储藏大多数用品如火柴、毛巾、餐巾、装饰签、吸管等。

知识点二:调酒用具

1. 量杯(Jigger)

量杯是调制鸡尾酒和其他混合饮料时，用来量取各种液体的标准容量杯。它有两种式样：

第一种是两头呈漏斗形的不锈钢量杯，一头大，另一头小。最常用的量杯组合的型号有25毫升和42毫升、28毫升和56毫升等。量杯的选用与服务饮料的用杯容量有关。使用不锈钢量杯时，应把酒倒满至量杯的边沿处。

第二种是体高且底平而厚的玻璃量杯，上有标准刻度。

用玻璃量杯量酒时，应将酒倒至刻度线处。每次应把量杯内的酒倒尽，然后把量杯倒扣在滴漏板上，沥干量杯中剩下的酒，避免不同种类的酒的味道混到一起。如果量杯盛过黏性饮料，如牛奶、果汁等，应冲洗干净后再用来量取其他饮料。

2. 酒嘴(Pourer)

酒嘴安装在酒瓶口上，用来控制倒出的酒量。在酒吧中，每个打开的烈性酒都要安装酒嘴，酒嘴由不锈钢或塑料制成。分为慢速、中速、快速三种型号。塑料酒嘴不宜带颜色，使用不锈钢酒嘴时要把软木塞塞进瓶颈中。

3. 调酒杯(Mixing Glass)

调酒杯是一种厚玻璃器皿，用来盛冰块及各种饮料成分。典型的调酒杯容量为16～17盎司。调酒杯每用一次就要冲洗一次。

4. 调酒壶(Hand Shaker)

调酒壶通常是用不锈钢制成的，其形状要符合标准。常见的酒壶有普通型酒壶和波士顿酒壶。普通型酒壶有250毫升、350毫升和530毫升三种型号。将饮料和冰块放入调酒壶后，便可摇混。

5. 滤冰器(Strainer)

滤冰器是将圆形的过滤网和不锈钢丝卷绕在一个柄上,并附有两个耳形的边,用来盖住调酒杯的上部,两个耳形边用来固定位置。过滤器能使冰块和水果等酱状物不至于倒进饮用杯中。另外,还可用尼龙纱网、不锈钢网筛来制作果汁饮料。

6. 酒吧匙(Bar Spoon)

酒吧匙为不锈钢制品,匙浅、柄长并带有螺旋状,用来搅拌饮品。

7. 冰勺(Ice Scoop)

用不锈钢或塑料制成,用来从冰桶中舀出各种不同的冰块。

8. 冰夹(Ice Tongs)

冰夹是用来夹取方冰的不锈钢用具。

9. 碾棒(Muddling Stick)

一种木制工具。一头是平的,用来碾碎固体状物或将物体捣成糊状;另一头是圆的,用来碾碎冰块。

10. 水果挤压器(Fruit Squeezer)

用来挤榨柠檬或酸橙等水果汁的手动挤压器。

11. 漏斗(Funnel)

漏斗是用来把酒和饮料从大容器(如酒桶、瓶)倒入方便适用的小容器(如酒瓶)中的一种常用工具。

12. 冰桶(Ice Bucket)

冰桶用来盛放冰块,有不锈钢和玻璃两种,型号大小不同。

13. 冰治盆(Punch)

冰治盆用玻璃制成,用来调制量大的混合饮料,容量不一。冰治盆有时还配有冰治杯和勺。

14. 砧板(Cutting Board)

酒吧常用砧板有方形塑料或木制两种。

15. 酒吧刀(Bar Knife)

酒吧刀一般是不锈钢刀。易生锈的刀不仅会破坏水果颜色,还会把锈迹留在水果上。酒吧常使用小型或中型的不锈钢刀,刀口必须锋利。

16. 装饰叉(Relish Fork)

装饰叉是长约25.4厘米(10英寸)、有两个叉齿的不锈钢制品。用它来把洋葱和橄榄放进瓶口比较窄的瓶中。

17. 削皮刀(Peeler)

为装饰饮品而专门用来削柠檬皮等水果的特殊用刀。

18. 榨汁器(Squeezer)

专门用来压榨含果汁丰富的柠檬、橘、橙等水果。

19. 启瓶罐器(Bottle Opener)

启瓶罐器一般为不锈钢制品,不易生锈,又容易擦拭干净。

20. 开塞钻(Corkscrew)

用来开启葡萄酒酒瓶上的软木塞,中心是空的,并且有足够的螺旋能完全将木塞启出,其整体用不锈钢制成。开启葡萄酒瓶所用的是一种特殊设计的开塞钻,包括螺旋、切掉密封瓶口锡箔的刀和使木塞容易旋出的杆,形状类似折刀。

21. 服务托盘(Service Trays)

服务托盘是酒吧服务中用以传送酒水、酒具等的服务用具。多为圆形和方形。酒吧服务托盘盘面应是防滑的,以防酒杯滑动。

22. 账单托盘(Tip Trays)

账单托盘,在酒吧习惯称为小费盘,是用来呈递账单、找还零钱和验收信用卡时用的。服务员也可用它收取客人留下的小费。

23. 鸡尾酒垫(Cocktail Napkin)

垫在饮料杯下面供客人使用。

24. 吸管(Straw)

用于长饮杯饮料的服务。

25. 装饰签(Tooth Picks)

用以串上樱桃点缀酒品。

知识点三:酒吧标准载杯

酒吧用杯非常讲究,不仅要求型号即容量大小与饮料标准一致,对材质和形状的要求也很高。

酒吧常用酒杯大多是由玻璃和水晶玻璃制成,在家庭酒吧中还有用水晶制成的。不管材质如何,首先要求用杯无杂色,无刻花、印花,杯体厚重,颜色透明,酒杯相碰时能发出金属般清脆的声音。任何材质的用杯都要求光泽、晶莹、透亮。

不同的酒用不同形状的杯来展示酒品的风格和情调。不同饮品,用杯的大小不同,这是由酒品的分量、特征及装饰要求来决定的。合理选择酒杯的质地、容量及形状,不仅能展现出典雅和美观,而且能烘托饮酒的氛围。

一般酒吧需准备的杯子及其容量规格如下:

1. 老式酒杯(Old-Fashioned Glass / Rock Glass)

亦称为岩石杯或古典杯,其容量规格一般为 224 ~ 280 毫升,大多用于喝加冰的酒和净饮威士忌,有些鸡尾酒也使用这种酒杯。

古典杯

2. 鸡尾酒杯(Cocktail Glass)

容量规格为 98 毫升,调制鸡尾酒以及喝鸡尾酒时使用。

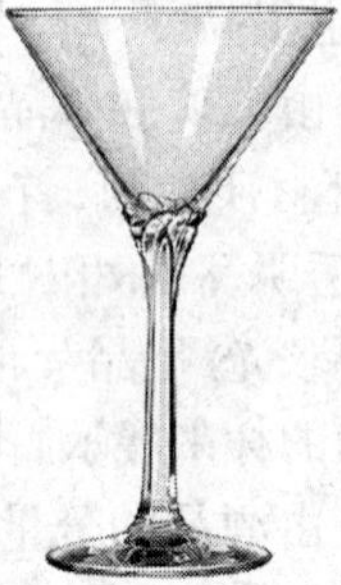

鸡尾酒杯

3. 香槟杯(Champagne Glass)

容量规格一般为126毫升,只用于喝香槟酒。阔口香槟酒杯也可用于喝某些鸡尾酒。

香槟杯(碟形)

香槟杯(郁金香形)

4. 柯林杯(Collins Glass)

容量规格一般为280毫升,用于饮用各种烈性酒加汽水等软饮料的混合饮料、各类汽水、矿泉水和一些特定的鸡尾酒(如各种长饮类)。

柯林杯

5. 雪利杯(Sherry Glass)

容量规格为56毫升或112毫升,专门用于喝雪利酒。

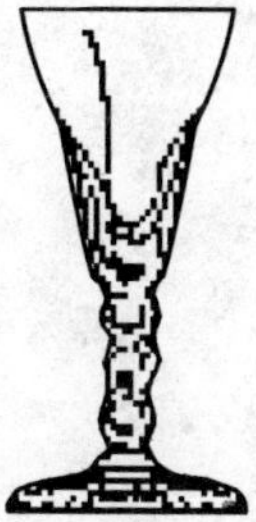

雪利杯

6. 白兰地酒杯(Brandy Glass)

容量规格一般为224~336毫升,净饮白兰地酒时使用。

白兰地杯

7. 葡萄酒杯(Wine Glass)

白葡萄酒杯容量为 168 毫升,用于喝各种白葡萄酒;红葡萄酒杯容量规格为 224 毫升,专门用于喝红葡萄酒。

白葡萄酒杯

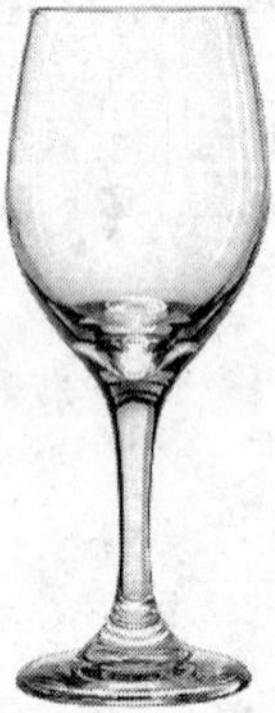

红葡萄酒杯

8. 酸酒杯(Sour Glass)

容量规格为 112 毫升,喝酸威士忌酒时专用。

酸酒杯

9. 啤酒杯(Beer Mug)

容量规格为 336～504 毫升,在酒吧中一般喝生啤酒用。

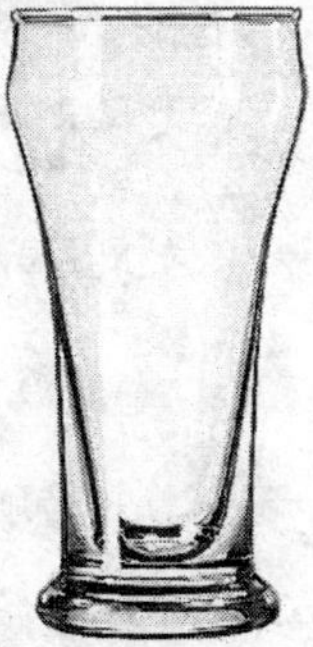

啤酒杯

扎啤杯

10. 水杯(Water Glass)

容量规格为 280 毫升,喝冰水和一般汽水时使用。

知识点四:吧台酒水服务项目

根据目前酒吧酒水服务的实际情况来看,酒吧吧台一般分为水吧和酒吧两个区域。水吧主要经营非酒精饮料,酒吧主要经营酒精饮料及各种鸡尾酒。下面是一般吧台酒水服务项目。

酒吧酒水服务项目的多少,主要取决于酒吧经营规模的大小及目标客人的嗜好。小型酒吧因提供饮料项目较少,只设一个吧台区,由一个调酒师来负责所有酒水项目的服务。当前,因消费时尚的变化,还流行以某单一品种为主的经营项目的酒吧,如啤酒坊(吧)、葡萄酒吧、鸡尾酒吧、茶楼(馆)等。因酒水服务项目不同,酒单内容千差万别。

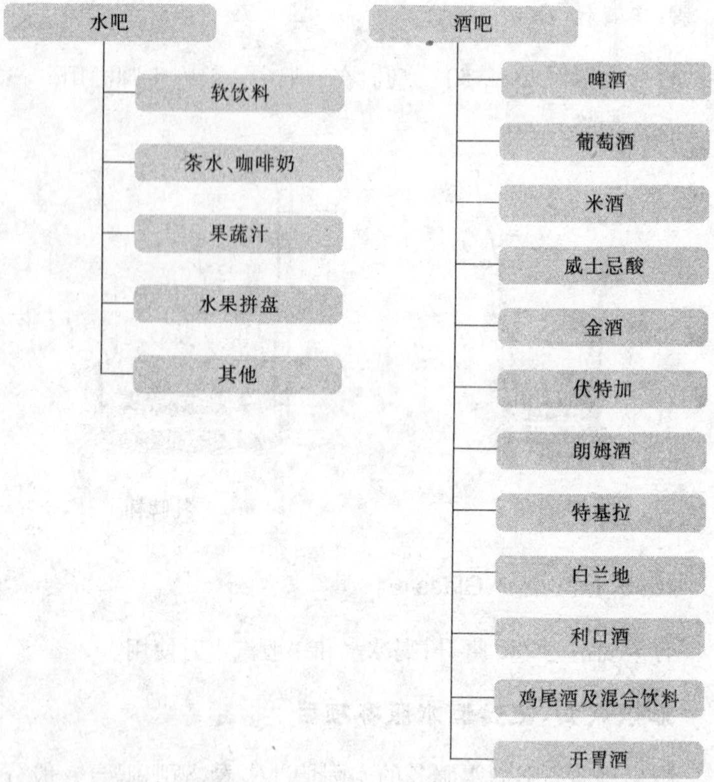

知识点五:酒单

(一)酒单内容

根据酒吧经营目的和酒水服务项目制定的酒单是吧台工作人员服务操作的指南。

酒单的内容每个酒吧都有自己的特色,根据目前国际上酒吧经营的品种和我国酒吧对酒品分类的习惯,可将酒单大致归为以下两类:

1. 国际酒吧分类酒单

(1)餐前开胃酒(Aperitif)

金巴利	Campari
马天尼(干、红)	Martini(dry/rosso)
潘诺	Pernod
杜本内	Dubonnet

(2)雪利酒和波特酒(Sherry & Port)

哈维斯	Harveys
天奴比	Tio-pepe
干萨克	Dry Sacki
泰勒	Taylor's

(3)鸡尾酒(Cocktail)

亚历山大	A1exander
黑俄罗斯	Black Russian
血玛丽	Bloody Mary
马丁尼干	Dry Martini
青草蜢	Grass Hopper

吉姆莱特	Gimlet
哈威华尔班格	Harvey Wallbanger
美态	Mai Tai
曼哈顿	Manhattan
古典	Old Fashioned
红粉佳人	Pink Lady
海盗罗衣	Rob Roy
生锈钉	Rusty Nail
旁车	Side Car
威士忌酸	Whisky Sour
七色彩虹	Pousse Cafe

(4)长饮(Long Drinks)

自由古巴	Cuba Liberty
金菲士	Gin Fizz
长岛冰茶	Long Island Ice Tea
新加坡司令	Singapore Sling
特基拉日出	Tequila Sunrise
漂仙一号	Pimmis No.1
螺丝钻	Screw Driver
雪球	Snow Ball
金汤力	Gin & Tonic
苏格兰苏打	Scotch & Soda
朗姆可乐	Rum & Cola
伏特加汤力	Vodka & Tonic
特基拉泡	Tequila Pop

(5)无酒精鸡尾酒(Non Alcoholic Cocktails)

波斯猫	Pussy Foot
水果宾治	Fruit punch

(6)威士忌(Whisky)

积丹尼	Jack Daniel's
加拿大俱乐部	Canadian Club
施格兰特纯	Seagram's V. O.
尊占臣	John Jameson
芝华士	Chivas Regal
金发地	Glenfiddich
黑方	Johnnie Walker Black Label
红方	Johnnie Walker Red Label
珍宝	J & B
金玲	Bell's

(7)朗姆酒(Rum)

(8)金酒(Gin)

(9)伏特加酒(Vodka)

(10)特基拉酒(Tequila)

(11)干邑(科涅克)(Cognac)

轩尼诗	Hennessy X. O.
马爹利	Martell
长颈	F. O. V.
人头马	Rémy Martin V. S. O. P

(12)餐后利口酒(Liqueurs)

百利士	Bailey's Irish Cream
君度	Cointreau
杜林标	Drambuie
卡鲁瓦	Kahlua
金万利	Grand Marnier

(13)啤酒(Beer)

(14)葡萄酒(Wine)

(15)软饮料、矿泉水(Soft Drinks, mineral water)
(16)鲜榨果汁(Fresh Fruit Juice)
(17)热饮(Hot Drinks)

奶茶	Milk Drinks
咖啡	Coffee
茶水	Tea

(18)甜品(Sweet)
(19)果拼(Fresh Fruit Plate)

2. 我国独立酒吧分类酒单

(1)烈性酒类
(2)鸡尾酒及混合饮料类
(3)葡萄酒、果酒类
(4)啤酒
(5)软饮料
(6)热饮
(7)果拼
(8)佐酒小吃

(二)酒单的作用

酒单是酒吧经营活动的基础,直接影响酒水操作规范:

1. 酒单支配着酒吧原料的采购和储存

从品种上看,酒单上所列的饮品及配料,是原料采购的对象;从数量上看,酒单中较易被顾客接受的饮品,是采购量大的品种;酒单中各类饮品所占比重大小,又决定了饮品采购的方法和周期;不同酒品的储存要求还影响着饮品的味道。

2. 酒单决定着酒吧经营风格和特色

酒单饮品的种类和数量决定着酒吧的客源对象和档次。一般而言,高档酒吧的饮品质量高、品种精。

3. 酒单决定着饮品操作方法和服务标准

酒单的饮品、价格、用量、对饮品方法和原料的描述以及附加的图片等,决定着饮品的服务标准和操作要求。调酒师的制作和服务必须按规格执行。如酒单上列有鸡尾酒的,调酒师必须会制作标准的鸡尾酒。

4. 酒单是沟通消费者与酒吧之间关系的桥梁

酒吧通过酒单向宾客展示所提供的酒水种类、价格等,消费者根据酒单选购所需的饮料品种。消费者通过酒单与调酒师交谈,把其喜好及建议、意见告诉调酒师,调酒师则向客人推荐特色饮品。

5. 酒单是研究客人的资料

调酒人员可根据客人对饮品的喜好程度了解客人的口味、爱好,不断提高服务质量。

知识点六:酒谱

1. 什么是酒谱

酒谱是饮料的配方,规定了饮料调配的具体方法、每种饮料中每个成分的精确用量。酒吧的酒谱是根据自身的原料、设备、用具以及饮用杯的大小等具体条件来确定的。它要求每位调酒师必须严格按酒谱要求来制作饮品。酒吧必须备有酒单上所列饮品的酒谱。

2. 酒谱的作用

(1)酒谱是确定饮品价格的基础。酒谱中详细说明了每种原料的用量,以酒谱为基础计一个饮料的成本并以此来确定饮品的价格。

(2)酒谱控制饮品的消费数量。酒谱不仅确定了每种原料的用量,而且也保证了整个饮品的数量控制。

(3)酒谱保证饮品的质量。酒谱中规定的各种饮品的标准用量和调法,是保证酒吧饮品口味和质量的基础。

(4)酒谱是培训新调酒师的主要依据。如果酒吧能保证调酒师严格按酒谱调制饮品,饮品的质量就有了保证。

知识点七:标准计量单位

服务饮料用量要标准,酒吧中使用的特殊量具就是为了保证酒水操作中用量准确。调酒师必须掌握特殊量具的计量单位。计量单位不仅能帮助调酒师把握酒品用量和饮品的口味,而且是对酒吧饮品进行标准控制和管理的基础。

1 加仑(gallon) =4 夸脱(quarts)

1 夸脱 =2 品脱(pints)

1 品脱 =2 杯(cups)

1 杯 =8 盎司(ounces)

1 盎司 =2 餐匙(tablespoons)

1 餐匙 =2 茶匙(teaspoons)

1 代斯(dass) =1/6 茶匙或 10 滴

1 标准量杯 =1.5 盎司或 45 毫升

1 普尼杯(pony) =1 盎司或 30 毫升

1 盎司液 =30 毫升

知识点八:吧台酒水操作原则

1. 熟悉酒吧设备和用具的位置及操作要求。

2. 严格按程序操作设备和使用用具。遵守安全操作规则。

3. 掌握饮品的特征及饮用要求。

4. 调制饮料及倒酒应当着宾客的面进行。

5. 严格按酒谱的要求用标准程序配制饮品。为保证饮品的口味一致便于控制成本,必须用标准量杯量酒。

6. 酒水操作动作规范、标准、美观。

7. 熟练掌握不同酒品的调制方法和用杯要求。

8. 对客人保持礼貌、友好、热情的态度。具有能满足客人对特殊酒品要求的能力。

9. 严格把好个人和酒吧卫生质量关,按卫生要求清洗和控干酒杯。

10. 按酒品的特征、类别和储藏要求等存放酒品,如将葡萄酒、香槟酒平躺着放在酒架上,防止瓶塞干裂导致酒水变质。

11. 含二氧化碳气体的酒水如啤酒、泡沫酒、碳酸饮料及葡萄酒等,要轻拿轻放避免摇动。

第二单元

素质能力篇

模块1

职业素质

基本素质一：工作态度端正

态度决定一切。工作态度端正与否，是衡量任何岗位服务员基本素质的重要标准。

“客人喝着我看着，客人玩着我忙着”，这是酒吧服务行业特有的服务特性，只有认识到这一点，才能端正工作态度，更好地为客人服务。

【素质要点】

1. 对酒吧服务工作有全面、正确的认识。
2. 积极主动地培养自己对酒吧工作的浓厚兴趣。
3. 能够用最好的心态最大限度地满足客人的合理要求。
4. 遇事冷静，心态平和。
5. 对客人的服务能做到尽善尽美。

【自我评估】

你如果掌握了第1~3条，就具备了酒吧服务员的基本素质。

你如果掌握了第4~5条，就会在工作岗位上取得优异成绩，成为一名合格的酒吧服务员。

基本素质二：服务意识强

【素质要点】

1. 要从认识上理解所从事职业的特点以及自己应扮演的角色。

2. 要在情感上视客人为自家的客人，作为被照顾、被体贴的对象。

3. 从行为上体现出热情、大方、助人的服务风格。

4. 想客人之所想，急客人之所急，把工作想在客人前面，树立“客人永远是对的”服务理念。

【自我评估】

你如果掌握了上述素质要点，就具备了从事任何职业都应有的基本素质。

基本素质三：知识面广

良好的文化素养和广博的社会知识，不仅是做好服务工作的需要，而且有利于服务员形成高雅的气质、培养广泛的兴趣和坚韧不拔的意志。

【素质要点】

1. 酒水知识。熟悉各类酒水的产地、价格、特点、品饮方法和服务要求等。

2. 酒具设备使用与维护保养常识。掌握各种酒具、相关设备的使用、保养和维护的步骤和要领。

3. 食品营养卫生知识。懂得酒与食物的搭配知识。

4. 民俗与饮食习惯知识。了解中国不同地区不同民族的风俗习惯、宗教信仰、禁忌和饮食习惯等知识。

5. 服务心理学知识。能够运用心理学知识，通过观察，了解消费者的心理需求，提供个性化服务。

6. 外语会话。能用相应的外语对客服务。

7. 音乐欣赏知识。能欣赏音乐并能为不同主题的环境选择背景音乐。

8. 美学知识。了解室内装潢、环境布置、色彩搭配知识，具备美的鉴赏能力。

9. 文史知识。有一定的文史学识，熟悉有关品酒的历史掌故和名人逸事。

10. 其他学科知识。要不断学习营销学、公共关系等方面的知识。

【自我评估】

你如果掌握了1～6条素质要点，就具备了酒吧服务员应有的知识素养。你在对客服务中的言谈举止不仅能体现你的良好修养，还会使酒吧文化的丰富内涵在你身上充分体现出来，这对吸引回头客有不可低估的作用。

你如果掌握了7～9条素质要点，就会在服务领域甚至管理领域成为一名优秀的员工或管理者。

基本素质四：身体素质好

酒吧的营业时间多在下午和晚上，尤其是晚上的生意会达到一天营业的高峰。因此，你如果想成为一名酒吧服务员，必须调整好作息时间，做好上夜班的准备。

另外，服务员"日行百里不出门"，站立、行走、对客服务、托盘等都要有一定的腿力、臂力和腰力，良好的身体素质是做好服务工作的保证。你如果想成为一名酒吧服务员，还要练就连续站立服务的基本功。

根据《食品卫生法》第二十六条规定：凡患有痢疾、伤寒、病毒性肝炎等消化道传染病、活动性肺结核、化脓性或渗出性皮肤病以及其他有碍食品卫生的病症的，不得参加接触直接入口食品工作。

酒吧服务人员必须每年一次经过卫生防疫部门的体检,体检合格证当年有效。

【素质要点】

1. 身体素质好。

2. 精神饱满。

3. 有连续站立服务的基本功。

【自我评估】

1. 你如果具备了素质要点中的第 1 ~ 2 条,就能够每天精力充沛地完成酒吧的日常工作。

2. 你如果具备了素质要点中的第 3 条,就达到了酒吧服务员的基本身体素质标准。

基本素质五:有端庄大方的仪表仪容

酒吧服务业的特殊性,要求酒吧服务员气质高雅,面容清秀,举止得体,体态匀称。

【素质要点】

——对服装的要求

1. 根据季节、环境、酒吧风格着装。

2. 衣着整洁,并按规定穿工作服。

——对头发的要求

1. 男员工发不过领,发际不得盖住耳朵,不留大鬓角,发际线要清楚,梳理整齐。

2. 女员工是长发的,要将头发盘起,梳理整齐;是短发的,发不能过肩,两侧头发梳理到耳后。

3. 头发不能有异味,要给客人以整齐、清新的感觉。

——对面容的要求

1. 男员工不留胡须,保持脸部整洁。

2. 女员工可化淡妆,但不可喧宾夺主。

3. 注意口腔卫生,不能有异味。

4. 整体面容要给人以清爽的感觉。

——对手部的要求

1. 指甲不能过长。女服务员不得留长指甲和涂指甲油。

2. 注意手部护理。

3. 注意手部清洁。

【自我评估】

酒吧服务员要想将酒吧环境和服务融为一体,以服务来传达文化信息,就需要格外注重仪容仪表。工作一段时间后,按上述素质要点逐一对照检查一下自己做得怎样,看看自己是否能舍弃某些个人喜好,来迎合客人的需求……如果你都做到了,那就说明你合格了。

基本素质六:有优美的举止

【素质要点】

——对站姿的要求

1. 对客服务时,要站立服务。

2. 站立时,要自然端庄,眼睛平视前方,嘴微闭,面带微笑。

3. 挺胸收腹,双肩自然下垂。

4. 站立时,身体不能倚靠他物。

——对蹲姿的要求

1. 需要为客人蹲下服务时,要求左腿在前、右腿在后,屈膝蹲下。

2. 切勿弯腰为客人服务,因为臀部对着客人是不礼貌、不文雅的。

——对走姿的要求

1. 挺胸收腹,双肩平齐并自然下垂,手臂伸直,手指自然弯曲。手臂随步伐自然前后摆动。目视前方面带微笑。

2. 以直线行走，步伐不能快，步态要轻盈。

3. 与客人相遇时，点头示意，侧身让对方先行。

4. 客人多或遇到紧急事件时，切勿急躁甚至在工作区域奔跑，随时保持良好的工作状态。

5. 在与同事一道行走时，不能拉手搂抱，奔跑追逐。

——对鞠躬的要求

站式鞠躬时，双手放于胸前，左手在下、右手在上，双腿并拢上半身略向前倾。前倾时吸气，恢复直立时呼气。

——对其他举止的要求

1. 在客人面前不挖耳朵、抠鼻子、搔头发、剔牙齿。

2. 上班时不吃大蒜、韭菜等有异味的食品，打喷嚏时要背向客人或用手帕掩住口鼻。

3. 上班时不吃东西，不嚼口香糖。不吃用做鸡尾酒装饰物的各种配料。

4. 工作中原则上不背向客人，调酒员转身取背后的酒时，也要侧着身子。

【自我评估】

检查一下，自己工作时举止是否规范，言谈是否诚恳，精神面貌是否焕然一新……如果是，那表明你不仅会成为一名合格的酒吧服务员，在日常生活和今后的职场发展中都会成为一名同事眼中的好伙伴、管理者眼中的优秀员工。

基本素质七：有到位的礼仪

【素质要点】

——称呼礼

1. 称陌生未婚女性为“小姐”，已婚女性为“太太”；对职业女性或不知婚否人士，女性称“女士”，男性称“先生”。

2. 知道客人姓名后，可将姓名和尊称搭配使用。

3. 对有职务、学位的人士,应予以相应的称谓,如王教授、张主任等。

4. 在使用外语称呼时,要注意外语的习惯表达法与汉语的区别。

——问候礼

是酒吧服务人员向客人表示亲切问候、关心及祝愿的语言。要根据不同场合施以不同的问候礼。

1. 下午遇到客人时:“先生,下午好。”

2. 向客人道别时:“您慢走,欢迎再次光临。”

3. 逢节日、生日时:“过年好!”“祝您生日快乐!”“圣诞快乐!”

4. 与客人交谈时,如果发现其他客人走近,应主动示意他们的到来,不应无所表示……

——沟通礼

与客人沟通时,语调要优美,语速要适中,用词要贴切。

1. 与客人交谈时,要认真倾听,诚恳回答。

2. 回答客人询问时,表达要准确、清楚,语言要简洁。

3. 不能使用“不知道”等否定语,应积极、婉转地回答问题。

4. 谈话声音以双方能够听清为限,语调平稳、轻柔、速度适中。

5. 忌中途打断客人讲话,应让客人讲完后再作答。

6. 不介入客人之间的争论。

7. 避免在酒吧中谈论宗教信仰和政治问题,它们是引起争论的导火线。

8. 避免与熟悉的客人长谈而冷落其他客人。

9. 如果有电话找来酒吧的客人,即使你知道他在,也不要立即告诉对方,而应该说:“我去问一下。”然后设法找到受话者,由受话者决定是否接听。

10. 如客人心情不好、言辞过激时,不能面露不悦,态度要平和。

11. 遇到行为怪异、比较顽固的客人时，给他们一个微笑，让他沉浸在自娱自乐中要比冒险纠正他们的错误更好。

12. 不要在客人面前与同事讲家乡话，不能扎堆聊天。

13. 遇急事需要找谈话中的客人时，应先说声“对不起”，征得客人同意后再与客人谈话。

14. 因工作原因需暂时离开正讲话的客人时，要先说声“对不起，请稍候”，回来继续为客人服务时，应主动表示歉意“对不起，让您久等了”。

【自我评估】

检查一下自己在工作时的服务礼仪是否很到位？是否有顾此失彼的地方？也许你只达到了其中一部分要求，但千万不要泄气，从今天开始，按上面的素质要点逐条梳理自己的言谈举止，相信你一定会成功的。

模块2

职业能力①

职业能力一：语言表达能力

语言是沟通和交流的工具。掌握并熟练运用服务用语，是提供优质服务的保障。在学习之前，请检查一下自己是否具备了必要的语言交际能力，可不要小看这种能力，它是你从事任何一种职业都应具备的基本能力。

【能力要点】

1. 使用优美的语言和能使客人愉快的语调，服务过程就显得有生气。

2. 使用迎宾敬语、问候敬语、称呼敬语、电话敬语、服务敬语、道别敬语，为客人提供规范化服务。

3. 能够用英语或其他外语进行服务，并解决服务中的一些基本问题。

4. 善于用简单明了的语言来表达服务用意。

---

① 有关职业能力训练的内容请参见《跟我学饭店服务——职业能力训练学习手册》一书。

【自我评估】

1. 你如果掌握并会运用第 1 ~2 个要点,表明你已经具备了用语言进行交际的能力,可以为客人提供一般性的服务。但是要想成为一名优秀的服务员,还要继续努力才行。

2. 你如果掌握并会运用第 3 个要点,表明你不仅可以通过语言这一工具为本国客人服务,还能为外国朋友提供一般性服务。

3. 你如果掌握并会运用第 4 个要点,表明你已经具备了成为一名优秀服务员的重要技能。接下来要做的,就是不断充实业务知识、强化业务技能。相信你一定会有所成就的。

职业能力二:自我控制能力

【能力要点】

1. 有较强的自我控制能力,能在短时间内调整自己的不良情绪。

2. 面对压力有调整心态的能力,以最佳的状态为客人服务。

3. 对客人的过激言行,能以平和的心态和语言平息或化解矛盾。

【自我评估】

1. 你如果想早日成为一名出色的服务员,就要掌握和运用能力要点中的 1 ~2 条,就会在处理偶发事件的时候,做到忙中不乱、遇事不惊。

2. 你如果会运用能力要点中的第 3 条,说明你已具备了解决问题的能力,你能对偶发事件的处理恰到好处,既不让酒吧受损失,又不会让客人失望。

职业能力三:人际交往能力

【能力要点】

1. 能和领导、同事以及客人处理好各种关系。

2. 尊重领导和同事,尊重客人。

3. 能遵守各种管理制度和规定。

4. 有和其他同级业务部门协调工作的能力。

5. 有能及时和领导、同事沟通信息的能力。

【自我评估】

1. 如果你具备了能力要点中的第1~3条,就会把互助、互敬和互爱的精神体现在言行中,成为一个受领导和同事赞许的员工。

2. 如果你具备了能力要点中的第4~5条,你就具备了一名服务员应有的团队精神,你的业绩就能在团队中充分体现出来,并且得到领导和同事的认可。

职业能力四:推销能力

【能力要点】

1. 有适时、妥当推销酒水的能力。

2. 有灵活多变的推销技巧。

3. 会运用敏锐多变的推销语言。

【自我评估】

1. 你如果具备了能力要点中的1~2条,就会在对客服务中,有目的地推销酒水产品。

2. 你如果具备了能力要点中的第3条,就会得到最好的回报——酒吧生意红红火火,你的工作业绩也会日益突出。

职业能力五:记忆能力

记忆能力是酒吧服务员必备的能力。它要求你熟悉常客基本情况,记住新客大致信息,提供到位的服务。

【能力要点】

1. 能分清回头客和新到店客人。

2. 能记住回头客人的个性化需求。如记住每个客人尤其是常客喜欢的饮料。

【自我评估】

如果你掌握上述能力要点，就能为客人提供个性化服务，有助于你在客人心中树立良好的职业形象。

职业能力六：预测与判断能力

如果你具备了预测与判断能力，能使你的优质服务先于客人需求之前提供。这需要你能根据客人的个性化要求，在工作中仔细观察、反复思考、认真过滤和优化整合之后，得出一个正确的判断。

【能力要点】

1. 通过运用自己掌握的酒水知识，来分析客人消费需求，帮助客人正确点酒、品酒。

2. 能根据客人的年龄、性别、喜好、文化程度等，建议客人选择饮酒种类。

3. 会察言观色，能根据客人的情绪、表情，了解客人需求。

4. 能根据客人眼神、表情和言谈等肢体语言，在短时间内推断出客人的身份、文化层面和地位，预测出可提供的服务项目，为客人提供最佳的服务。

【自我评估】

1. 如果你具备了能力要点中的第 1 ~ 2 条，你就具备了超前的服务理念和服务水平，你的工作一定会很出色。

2. 如果你具备了能力要点中的第 3 ~ 4 条，你的业绩就会上升到一个比较高的层面，你被领导重用和提升的机会就会大大增加。

第三单元

操作技能篇

软饮料
蒸馏酒
发酵酒
配制酒
鸡尾酒
酒吧服务

软 饮 料

软饮料(Soft Drinks)指各种不含酒精成分的饮料,包括咖啡、可可、茶、牛奶、果汁、汽水、矿泉水等,其中,咖啡、可可、茶号称世界三大饮料。很多软饮料是调制鸡尾酒和混合饮品的辅助材料。

模块 I

咖啡服务

知识点一:认识咖啡

"咖啡"一词源自希腊语"Kaweh",意思是"力量与热情"。日常饮用的咖啡是用咖啡豆配合各种不同的烹煮器具制作出来的。咖啡豆初生时呈暗绿色,经黄色、红色,最后成为深红色的成熟果实。正常的果实内包含一对种子。

非洲是咖啡的故乡。咖啡树的原产地在非洲埃塞俄比亚的卡发省(Kaffa)。

海拔 1000 ~ 1500 米的高地,最适宜种植咖啡,采收咖啡豆品质也最佳。

迄今,巴西早已是世界上最大的咖啡生产国,占全球咖啡产量的约30%,素有“咖啡王国”之称。哥伦比亚是第二大咖啡生产国,占全球咖啡产量的12%左右。北美目前是咖啡消费最大的地区,夏威夷是美国唯一的咖啡产地,夏威夷咖啡也是世界上最好的咖啡之一。

目前,全世界约有70多个国家种植咖啡。

知识点二:咖啡种类

(一)咖啡豆的种类

咖啡豆主要分为两大品种:阿拉伯卡和罗巴士达。

1. 阿拉伯卡(Arabica)

阿拉伯卡是最好的咖啡豆品种,味道醇厚,芬芳馥郁,多生长在海拔较高、雨量充沛的南美洲国家。这种咖啡豆的特点是豆身较小而且浑圆,裂纹弯曲,咖啡因含量较低,约为1%~1.7%。

2. 罗巴士达(Robusta)

罗巴士达多生长在海拔较低的地区,味道浓烈。较适合于与其他品种的咖啡混合。其特点是豆身较扁阔,裂纹较直,咖啡因含量较高,约为2%~4.5%。

不同地区生产的咖啡豆,其味道不尽相同。有些偏香,有些偏苦,有些偏酸,有些偏醇。为了使咖啡口味更佳,市面销售的咖啡常常用几种不同的咖啡豆混合而成,称为混合咖啡(Blended Coffee)。

（二）咖啡产品的种类

市面销售的咖啡产品主要有下列三种形式：

1. 咖啡豆

咖啡豆颗粒出售。须用专用设备临时烘焙、磨粉并冲泡过滤成咖啡。这样可使咖啡的色、香、味达到最佳的效果。高星级的酒店和高级的咖啡厅大多有咖啡豆出售。

2. 咖啡粉

咖啡磨成粉状出售。饮用时只需用咖啡机冲泡过滤即可，但其香、味比用咖啡豆制成的咖啡稍差。

3. 速溶咖啡

将咖啡初加工成粒状，用开水直接冲泡即可饮用。这种咖啡饮用方便，但味道比上述两种相差甚远。

（三）咖啡著名品种

1. 蓝山咖啡

产于牙买加的蓝山，是咖啡中的极品。蓝山得名于因反射加勒比海蔚蓝的海水而发出的蓝光。蓝山咖啡拥有所有好咖啡的特点，不仅口味浓郁香醇，而且由于咖啡的甘、酸、苦三味搭配完美，所以完全不具苦味，仅有适度而完美的酸味，一般都单品饮用。

2. 哥伦比亚咖啡

产于哥伦比亚。烘焙后的咖啡豆,会释放出甘甜的香味,具有酸中带甘的特性,因浓度适宜,常被用于高级的混合咖啡之中。

3. 巴西咖啡

产于南美洲,中性、中苦、浓香、微酸、微苦、内敛。

4. 曼特宁咖啡

产于印度尼西亚苏门答腊。酸味适度,带有极重的浓香味。口味较苦,但有种浓郁的醇度。一般咖啡爱好者都单品饮用,也是调配混合咖啡时不可或缺的品种。

5. 摩卡咖啡

产于埃塞俄比亚。豆小而香浓,酸醇味强,甘味适中,风味特殊,是颇负盛名的优质咖啡,常单品饮用。若能调配混合咖啡,则风味理想。

6. 爪哇咖啡

产于印度尼西亚的爪哇岛,属于阿拉伯卡种咖啡。烘焙后苦味仍很强、香味极为清淡,但感觉不到任何酸味。这种口味深受荷兰人喜爱。这种咖啡豆最常用于混合咖啡与即溶式冲泡咖啡中。

7. 意大利咖啡

有烘制的黑咖啡与蒸汽加压水烹制而成的极浓的咖啡,其特色是品质浓厚,有浅咖啡色泡沫。

8. 综合热咖啡(调配式)

主要品种有巴西3.5、曼特宁1、爪哇2、哥伦比亚2、摩卡1.5等,香、甘、苦、酸。

9. 综合冰咖啡(调配式)

主要品种有曼特宁2、爪哇2.5、哥伦比亚2、荷兰1号2、摩卡1.5等,香、苦、醇。

10. 碳烧咖啡(独特的烘焙方式)

产于苏门答腊,主要品种有巴西2、曼特宁1.5、爪哇4.5、哥伦比亚2、摩卡1.5等,苦、醇。

11. 圣多斯咖啡

主要产于巴西的圣保罗。这种咖啡的酸、甘、苦三味属中性,浓度适中,带适度酸味,口味高雅而特殊,是最好的调配用豆,被誉为咖啡之中坚,单品饮用风味亦佳。

12. 危地马拉咖啡

产于危地马拉。这种咖啡豆属于波旁种的咖啡豆,是酸味较强的品种之一,味道香醇而略具野性,最适合用来调配成混合咖啡。

13. 康娜咖啡

产于夏威夷康娜地区。味道香浓、甘醇,且略带一种葡萄酒香,风味极特殊。上选的康娜咖啡有适度的酸味和温顺丰润的口感,以及一股独特的香醇风味。由于产量日趋减少,价格直追蓝山咖啡。

知识点三：如何辨别咖啡豆的鲜度及质量

1. 闻。新鲜的咖啡豆闻之有浓香；反之，则无味或气味不佳。

2. 看。好的咖啡豆形状完整、个头丰硕；反之，则形状残缺不一。

3. 压。新鲜的咖啡豆压之鲜脆，裂开时有香味飘出。

4. 色。深色带黑的咖啡豆，煮出来的咖啡具有苦味；颜色较黄的咖啡豆，煮出来的咖啡带酸味。

好的咖啡豆，形状整齐，色泽光亮，采用单炒烘焙，冲煮后香醇，后劲足；不好的咖啡豆，形状不一，且个体残缺不完整，冲煮后香淡，不够香醇。

知识点四：如何正确品尝咖啡

咖啡是公认的健康饮品，但喝咖啡一定要合理科学、适时适量。

（一）选择适宜的时间喝咖啡

1. 避免空腹饮用，亦不适宜餐中伴饮，尽可能在餐后喝。餐后饮咖啡以略轻淡为宜。

2. 早上是喝咖啡的最佳时间，早上起来喝一杯热咖啡，可以振奋身心，让心情更加舒爽。

3. 晚上喝咖啡可能会造成失眠，甚至影响隔天的精神状态，因此，晚间应不饮或饮淡咖啡。

4. 白天工作时轻呷一口咖啡可提神，咖啡可稍浓。

（二）咖啡与其他饮料食物的搭配

1. 搭配白水。许多人喝咖啡时只点咖啡，要知道，光喝咖啡容易上火，正确的做法是在品咖啡时配搭一杯白水。先喝一口白水，冲掉口中异味，再品咖啡才会感受到香醇。多喝白水，可提高排尿量，这样，既品味了咖啡的美味，又不必担心上火。

2. 加糖和奶。由于咖啡是苦的，所以大多数人都会加糖。也有人喜欢饮不加糖的苦咖啡。他们认为不加糖更令人回味无穷。

（三）品尝咖啡的分量

1. 喝咖啡以 80～100 毫升为适量，不要盛满。适量饮用咖啡能适度缓解疲劳，头脑为之清爽。

2. 每次只喝一杯。咖啡的味道有浓淡之分，所以，不能像喝茶或可乐一样，连续喝三四杯，而以正式的咖啡杯的容量为参考，每次只喝一杯。有时，若想连续喝三四杯，就要将咖啡的浓度冲淡，或加入大量的牛奶。在糖分的调配上也不妨多些变化，使咖啡更具美味。

3. 一般来说，一人一天喝咖啡的量以不超过三杯为宜。

（四）品尝咖啡的温度

咖啡可热饮，也可冷饮。

大多数人喜欢趁热饮用咖啡，即使在夏季的大热天中，也要饮热咖啡。因为咖啡冰凉时，风味就会降低。为了不使咖啡的味道降低，冲泡咖啡时，要事先将咖啡杯在开水中泡热。

咖啡最为理想的温度在冲泡的刹那为 83℃，倒入杯中时为 80℃，而到口中时为 61～62℃。

喜欢冷饮咖啡的人不多。他们认为，只有当咖啡冷却后才能体会出它潜藏的特性与美味。但冷饮咖啡需及时，应在冲泡后 10 分钟内饮用最佳。

知识点五:咖啡服务要点

1. 温度适宜。客人如果没有点要冷咖啡,就要上热咖啡,温度是 80℃。

2. 即泡即上。若由于种种原因耽搁了上咖啡,导致温度降低,不应将咖啡再次加热,应重新泡或煮咖啡给客人。

3. 分量适中。喝咖啡不像喝酒或果汁,一满杯的咖啡,会降低客人喝咖啡的兴趣,一般以八分满为适量。分量适中的咖啡不仅会刺激味觉,喝完后也不会有“腻”的感觉,反而回味无穷。

4. 跟配奶、糖。由客人自己决定是否加奶和糖。

5. 不要将已冲泡过的咖啡再次加热。每次饮用前才冲泡咖啡,并且只泡想饮用的分量。

6. 不要重复使用研磨咖啡,因为泡过的咖啡粉中残留的是咖啡中最苦的成分。

7. 将咖啡置于咖啡机上保温的时间最好不要超过 20 分钟,放置过久会丧失风味。

模块2

茶服务

知识点一：认识茶叶

中国是茶的故乡。茶的名字是中国人起的。唐代陆羽的《茶经》是世界上第一部关于茶叶的专著，该书对茶的起源、种类、特征、制法、烹蒸、茶具、水的品第、饮茶风俗、名茶产地等作了全面论述。

明清时期，茶叶的加工制作和饮用习俗有了很大改进。此时，炒青制茶法得到普遍推广，冲饮法代替了以往的“煎饮法”，这就是我们今天所使用的饮茶方法。在长期的制茶、饮茶实践中，涌现了茶圣陆羽、茶仙东坡、茶怪板桥、茶皇乾隆这样的“茶坛高手”。

自唐代开始，我国的茶树栽培技术开始传播到世界各地。目前，世界主要产茶国有中国、印度、日本、印度尼西亚、斯里兰卡等国。

知识点二：我国主要茶叶产区

我国现有茶园面积110万公顷。全国分为四大茶区：即西南茶区、华南茶区、江南茶区和江北茶区。

1. 西南茶区

位于中国西南部，包括云南、贵州、四川三省以及西藏东南部。是中国最古老的茶区。云贵高原为茶树原产地中心。

2. 华南茶区

位于中国南部，包括广东、广西、福建、台湾、海南等省（区），为中国最适宜茶树生长的地区。

3. 江南茶区

位于长江中下游南部，包括浙江、湖南、江西等省和皖南、苏南、鄂南等地，为中国茶叶主要产区，年产量大约占全国茶叶总量的2/3。

4. 江北茶区

位于长江中下游北岸，包括河南、陕西、甘肃、山东等省和皖北、苏北、鄂北等地。江北茶区主要生产绿茶。

知识点三：茶叶的种类

1. 按茶叶制造阶段不同分类

按茶叶制造阶段不同，分为初制茶和精制茶。初制茶又称毛茶。毛茶集中到精制厂加工后的成品，叫精制茶。

2. 按茶叶采制季节不同分类

毛茶按采制季节不同，分为春茶、夏茶和秋茶。一般来说，春茶品质最好，芽叶细嫩，茶味醇和，有“清明茶，味甜爽口”的说法；秋茶次之，香高味浓，有“白露茶，香气馥郁”的说法；夏茶品质较差，因为夏天温高燥热，茶叶老化快，外形粗松，品质低劣，香低味涩。

精制茶在毛茶进厂时已经拼堆存放，统一加工，无春茶、夏茶、秋茶之分。

3. 按商业习惯分类

最常用的分类方法是按商业习惯分类。它是以茶叶制法为基础，结合品质特征和外形差异进行分类，但尚无统一说法，一般认为有六种，也有五种、七种之说。

六种：绿茶、红茶、黄茶、青茶、黑茶、白茶。

五种：绿茶、红茶、花茶、乌龙茶和紧压茶（茶砖）。

七种：绿茶、红茶、黄茶、青茶、黑茶、白茶、雪茶。

● 绿茶。绿茶的历史最悠久，花色品名最多，是一种不发酵的茶，因其汤色和叶底均呈绿色，故名。中国人大多喜欢饮绿茶。著名的绿茶有杭州龙井、洞庭碧螺春等。

● 红茶。红茶是一种全发酵茶，因其汤色和叶底均呈红色，故名。红茶是世界上产销量最大的一类茶叶。全世界目前年产红茶约 230 万吨，而包括绿茶、乌龙茶在内的茶叶总产量仅 250 万吨。著名的红茶有安徽的祁门红、云南的滇红等。

● 黄茶。黄茶制法和绿茶基本相似，不同的是多了个闷黄工序。著名的黄茶有君山银针、六安瓜片等。

● 青茶。又名乌龙茶，是介于红茶和绿茶之间的半发酵茶，它综合了红茶和绿茶的加工技术，既有红茶的甘醇，又有绿茶的清鲜；既无红茶的涩味，又无绿茶的苦味。在六大茶类中，青茶制法最为精巧，品质别具一格。青茶分为武夷岩茶和乌龙茶，产地为福建省、台湾省和广东省汕头地区。主要品种有铁观音、乌龙、水仙等。

● 黑茶。为便于长途运输，不致变质，人们将绿毛茶加工成团块茶。经过 20 多天的湿坯堆积,颜色逐渐变黑,故名。我国边疆地区的少数民族喜饮黑茶。黑茶的成品茶有湖南湘尖、花砖,湖北的青砖,四川的茯砖,云南的紧压茶等品种。

● 白茶。白茶是一种不发酵、不经揉捻的特种茶。这种茶不用香花熏制但却有天然的香味。因茶林分大白、小白、水仙白等类,故称白茶。

● 紧压茶。紧压茶也称"茶砖",是一种用黑茶、老青茶、花茶、绿茶等散装茶压制成型的块茶,便于长途运输和储藏。紧压茶主要产于我国的湖南、湖北、云南、四川等省,主要产品有青砖、茯砖、黑砖、米砖、沱茶、金尖、普洱茶等。

● 雪茶。雪茶是一种产于西藏、云南地区的独特品种,一般生长在海拔 3000 米以上的雪山上,是植物和菌共生的高级茶品。

● 花茶。花茶又名香片茶,是一种经过花香熏制而成的茶。其特点是既有茶香风味,又有鲜花的芬芳,是我国特有的品种。我国北方人喜饮花茶。著名的花茶品种有茉莉花茶、玉兰花茶、柚子花茶等。

4. 按是否施用化肥、农药分类

按是否施用化肥、农药来划分,分为普通茶和有机茶。

知识点四:中国名茶

中国是茶叶大国,茶的品种很多,其中不少是名气很大的。行家们提出了"十大名茶"的几种说法,现简介其中的一种。

1. 狮峰龙井

绿茶。狮峰龙井产于杭州西湖边的龙井乡。龙井茶因产地不同,制法各异,各具特点。有"狮峰龙井""梅坞龙井""西湖龙井"

三个品种,其中以狮峰龙井品质最优。其特点是条形扁长,形如雀舌。色绿、香郁、味甘、形美是其四绝。

2. 洞庭碧螺春

绿茶。产于江苏吴县太湖之滨的洞庭山区。其特点是条索纤细,卷曲似螺,幼嫩匀齐,耳毛遍布,银绿隐翠,香鲜浓,味鲜醇,色鲜艳。碧螺春在清代就已经闻名,据说茶名还是康熙皇帝给更改的。

3. 六安瓜片

黄茶。主要产于安徽省六安。由叶片制成,不带芽和嫩茎,形如瓜子,外形无条索,叶缘微向上弯叠,色泽翠绿,汤色清,滋味浓醇,清香芬芳。

4. 君山银针

黄茶。产于湖南省洞庭湖君山。特点是芽头壮,紧实而挺直,长短大小匀齐,耳毛密盖,茶身金黄,誉称“金镶玉”。香气清鲜,汤色浅黄,滋味甜爽,叶底明亮。

5. 黄山毛峰

绿茶。产于安徽黄山风景区。主要特点是芽叶肥壮形似雀舌,色泽油润光滑,嫩绿稍带金黄。

6. 信阳毛尖

绿茶。产于河南信阳的车云山、震雷山、集云山、天台山、云雾山、黑龙潭、白龙潭,俗称“五山两潭”,其中以车云山的品质最好。其特点是汤色明净,清香持久,有熟板栗香,滋味鲜醇,饮后回甘生津。

7. 太平猴魁

绿茶。产于安徽省太平县猴坑、凤凰尖、狮彤山、鸡公山、鸡公尖一带。特点是外形肥壮，平扁挺直，两叶包一芽，如含苞的兰花，主脉暗红，俗称红丝线，香高味醇，回味鲜甜，汤色清，叶底黄嫩。

8. 庐山云雾茶

绿茶。其特点是条索壮丽，绿润多毫，香高味浓，回味甘甜，水色碧亮，叶底嫩匀。

9. 蒙顶茶

绿茶。产于四川雅安县的蒙山。西汉末年即开始种茶。唐朝起作为贡品，到清朝，蒙顶茶年年皆为贡品，供皇室享用。白居易曾赞誉蒙顶："扬子江中水，蒙顶山中茶。"特点是外形紧卷多毫，色泽嫩绿匀润，香郁味醇，回味甘甜。

10. 顾渚紫笋

绿茶。产于浙江顾渚山一带，因其色紫且形似竹笋而得名。顾渚紫笋早在唐朝就是有名的贡茶。陆羽非常推崇紫笋茶，他在《茶经》中写道："蒙顶第一，顾渚第二。"

十大名茶的另外几种说法是：

1. 西湖龙井、铁观音、碧螺春、信阳毛尖、都匀毛尖、黄山毛峰、六安瓜片、祁门红茶、武夷岩茶、君山银针。

2. 西湖龙井、铁观音、碧螺春、黄山毛峰、六安瓜片、庐山云雾、冻顶乌龙、白毫银针、武夷岩茶、四川蒙顶。

3. 西湖龙井、铁观音、碧螺春、黄山毛峰、六安瓜片、武夷岩茶、君山银针、祁门红茶、信阳毛尖、都匀毛尖。

4. 西湖龙井、铁观音、碧螺春、白毫银针、君山银针、黄山毛峰、武夷岩茶、信阳毛尖、庐山云雾、六安瓜片。

5. 西湖龙井、黄山毛峰、碧螺春、铁观音、君山银针、云南普洱、庐山云雾、冻顶乌龙、祁门红茶、茉莉花茶。

除十大名茶外，广东的凤凰水仙、英德红茶，广西的西山茶等也是知名度很高的名茶。

知识点五：茶叶的功效

茶叶中含有蛋白质、糖类、维生素成分，有一定的保健和药用价值。适量饮茶，有兴奋中枢神经，解除疲劳、促进血液循环、帮助消化、去油解腻、生津止渴、防暑降温、清热利尿、养神修心、陶冶心性等功效。

知识点六：饮茶注意事项

茶是一种对人体健康很有益的保健饮料，但若饮用不当，亦会对人体健康产生不利影响。

行家们在长期的饮茶实践中，总结出了饮茶十忌：

1. 忌空腹饮茶
2. 忌饮烫茶
3. 忌饮冷茶、温茶
4. 忌饮浓茶
5. 忌冲泡时间太久
6. 忌冲泡次数过多
7. 忌饭前饮茶
8. 忌饭后马上饮茶
9. 忌用茶水服药
10. 忌饮隔夜茶

知识点七：如何泡茶才能泡出最佳品质的茶汤

1. 水质

泡茶用水以泉水为最佳。陆羽在《茶经》中说："其水用山水上，江水中，井水下。"若用自来水，可将自来水静置缸中过夜，让氯气自然逸失。某些茶叶用特定的水冲泡最佳，如"龙井茶叶虎跑水"，"扬子江中水，蒙顶山上茶"，"西山茶，乳泉水"等等。

2. 水温

泡茶烧水以达到沸滚起泡的水为最佳，广东民间称为"鸡眼水"。

用沸滚起泡的水泡茶，茶中的水浸出物溶解得充分，茶汤浓厚，香气充分溢发；水沸过久，溶解氧和二氧化碳，有损新鲜滋味；水未沸滚而泡茶，茶中有效成分不能泡出，香味低淡。

3. 时间

泡茶时间要视开水温度和茶叶老嫩以及茶量多少而定。

滚水刚开，冲泡嫩茶。头泡随泡随饮，以后随冲泡次数增加，时间逐渐延长。

冲泡粗茶，时间比嫩茶要稍长些。一般来说，每杯约放 3～5 克茶叶，冲入 200～300 毫升开水（以八分满为宜），盖上杯盖，1 分钟后揭开杯盖，3～5 分钟后饮用较为适宜。

若泡茶时间太长，香味易失散，嫩茶会产生闷熟味。若泡茶时间太短，茶汤色浅味淡。

知识点八：用什么茶具泡茶最好

据唐代陆羽《茶经》所述，广义的茶具包括贮茶、碾茶、炙茶、煮茶、调茶、饮茶等过程的器具共20余种。目前市面上所见的一般茶具包括茶壶、茶杯、闻香杯、杯托或称杯垫、茶盘、茶海、壶垫、茶漏、茶荷、茶匙、茶巾、茶滤网等。

制作茶具的材料有陶瓷、玻璃、搪瓷、塑料等，一般来说，以瓷器茶具、陶器茶具最好，玻璃茶具次之，搪瓷茶具再次之。其中以江苏宜兴的紫砂陶最佳。

知识点九：茶服务要点

在茶馆由茶艺师泡茶。如果在一般的没有专职茶艺师的咖啡厅或酒吧泡茶，只能由服务员代劳。服务员应掌握以下服务要点：

1. 尽量用天然山泉水，其次是矿泉水，尽量不用自来水。

2. 水温以80℃左右为宜。

3. 询问客人是用壶饮法还是用杯饮法。用紫砂壶泡出来的茶汤品质最好，但若要欣赏茶叶的美姿，只能用玻璃杯。

4. 用杯饮法服务时，不要一次将水加满，应先倒小半杯，待茶叶发散后，再冲水，冲水后立即盖上盖，以防香气散掉。

模块 3

水和碳酸饮料服务

瓶装饮用水和碳酸饮料是目前我国软饮料四大种类中两个最大的品种(另两个是果汁饮料和包装茶饮料)。

(一)瓶装饮用水

目前市场上的瓶装饮用水大致可分为两大类:天然矿泉水和经过人工加工的水,如纯净水、蒸馏水等。

知识点一:矿泉水(Mineral Water)

1. 认识矿泉水

国家标准 GB8537—1995(以下简称"国标")中定义"矿泉水":"从地下深处自然涌出的或经人工揭露的、未受污染的地下矿水;含有一定量的矿物盐、微量元素或二氧化碳气体;在通常情况下,其化学成分、流量、水温等动态在天然波动范围内相对稳定。"

"国标"还确定了达到矿泉水标准的界限指标,如锂、锶、锌、溴化物、碘化物、偏硅酸、硒等,其中只要有一项(或一项以上)指标达到标准，即可称为天然矿泉水。

2. 矿泉水的作用

长期饮用矿泉水，对人体确有较明显的营养保健作用。以我国天然矿泉水含量达标较多的偏硅酸、锂、锶为例，这些元素具有与钙、镁相似的生物学作用，能促进骨骼和牙齿的生长发育，有利于骨骼钙化，防止骨质疏松。因此，偏硅酸含量高低，是世界各国评价矿泉水质量最常用、最重要的界限指标之一。

矿泉水中的锂和溴能调节中枢神经系统活动，具有安定情绪和镇静作用。长期饮用矿泉水还能补充膳食中钙、镁、锌、硒、碘等营养素的不足，对于增强机体免疫功能，延缓衰老，预防肿瘤，防治高血压、痛风与风湿性疾病也有着良好作用。此外，绝大多数矿泉水属微碱性，适合于人体内环境的生理特点，有利于维持正常的渗透压和酸碱平衡，促进新陈代谢，缓解疲劳。

3. 矿泉水的品种

矿泉水的品种很多，目前我国市场上常见的矿泉水品种有：

(1)碳酸矿泉水。水中游离二氧化碳含量超过 250 毫克/升，具有中和胃酸、保护溃疡面等功效。

(2)硅酸矿泉水。偏硅酸含量大于 25 毫克/升，其中偏硅酸超过 50 毫克/升，达到医疗矿泉水标准。偏硅酸对人体动脉硬化有软化作用，同时可降低关节炎和冠心病的发病率。

(3)锶矿泉水。含锶大于 0.2 毫克/升、小于 5 毫克/升。锶是牙齿和骨骼的组成成分，并可降低某些类型的心血管病的死亡率。

(4)锌矿泉水。水中含锌大于 0.2 毫克/升、小于 5 毫克/升。锌能增强创伤组织再生能力及机体免疫功能。

(5)锂矿泉水。含锂大于 0.2 毫克/升、小于 5 毫克/升。锂对中枢神经有调节作用,并能改善造血功能,提高人体免疫机能。

(6)硒矿泉水。含硒大于0.01毫克/升、小于0.05毫克/升。硒对人体心肌、肾脏等有不可缺少的保护作用。

4. 如何识别真假矿泉水

(1)透明度。在日光下无色透明,不含杂质,不混浊。

(2)折光度。矿泉水因富含矿物质,其折光率较自来水大。

(3)比重。矿泉水矿化度较自来水大,其表面张力也相应较大。

(4)热容量。在相同温度下吸热、放热速度均慢于自来水。真矿泉水在高温季节表面有冷凝小水珠出现。

(5)口感。真矿泉水口感甘甜无异味,碳酸型略有苦涩感。

知识点二:纯净水

纯净水又称太空水。它是运用当代科技成果的结晶——逆渗透法制造出来的高品质水。因该项技术最早作为美国宇航局“阿波罗登月计划”的一部分,在航天事业中得到应用,而被形象地称为太空水。

纯净水制造工艺中不但采用了矿泉水必需的过滤、软化等工艺,更关键的是利用R.O膜,将现代社会工业污染物、重金属、细菌、病毒等大量混入水中的杂质全部清除,从而得到品质纯净、口味甘甜的太空水。

这种采用高分子材料制成的逆渗透膜,在高压情况下可以截留水分子以外的所有杂质,同时却使水中对人体健康有益的溶解氧等气体透过膜加以利用,水中的氧化性物质符合美国药用纯水水质要求。它品质纯净,无毒无菌,是一种可直接入口的含氧活性水。

知识点三:蒸馏水

蒸馏水是用蒸馏方法制备的纯水。自然界中的水不纯,常含有钙、铁、镁等物质和溶解气体如二氧化碳等。用蒸馏方法可除去这些杂质。

（二）碳酸饮料

知识点一：认识碳酸饮料

碳酸饮料是指制作时在原料中添加酸味剂、无机盐及人工碳酸气的饮料。这种饮料通常具有甜味和香料味。碳酸饮料因含有二氧化碳气体又叫汽水。含有适量的二氧化碳气体是这类饮料的重要质量特征，即具备其特有的甜、酸感和二氧化碳的清凉口感。

知识点二：碳酸饮料的种类

1. 不含香料的碳酸饮料

如苏打水（Soda Water）。苏打水有助于缓解消化不良和便秘。用苏打水健胃已有上百年历史。

2. 含香料的碳酸饮料

这类饮料很多，包括含有水果香料的碳酸饮料，含果汁的碳酸饮料，含植物种子、根或药的成分的碳酸饮料，如可口可乐（Coca Cola）、汤力水（Tonic Water）、雪碧（Sprite）、七喜（Seven Up）等。

知识点三：如何鉴别碳酸饮料

1. 瓶装汽水液面距瓶口距离一般应为 3 ~ 6 厘米。

2. 瓶口干净、无锈迹，塑料瓶或易拉罐装的用手捏不动。

3. 上下摇动,瓶中有大量气泡者,表明密封好。

4. 透明型汽水倒置后对光检查,不得有云雾状絮状物或小颗粒,不得有分层和明显沉淀物。

5. 若甜味不足、异味有余,表明汽水已变质。果肉型不得分层或有明显沉淀物。

6. 若二氧化碳的清爽刺激感不明显,表明饮料中二氧化碳含量低。

7. 选购时还应该查看包装容器底部是否有絮状沉淀物,产品的外观、生产日期、最佳消费日期等。一般来说,品牌知名度大、信誉度高的产品质量较有保障。

(三)果蔬汁饮料

知识点一:认识果蔬汁饮料

果蔬汁饮料包括果汁饮料和蔬菜汁饮料。纯天然的鲜果蔬饮料是将新鲜的水果、蔬菜洗净后,用榨汁机榨取原汁,经调制后饮用。果蔬饮料即榨即饮,其营养成分极易被人体吸收,是当今风靡全世界的一种全天然、全营养的保健饮料。

常饮果蔬汁饮料,既可食疗又能强体,有百利而无一害。长期以来,我国习惯把蔬菜煮熟了吃,在烹煮过程中,许多营养成分被破坏了。生吃蔬菜或饮蔬菜汁,则可以最大限度地保存和吸收蔬菜中的营养成分。

知识点二:果蔬汁饮料的种类

果蔬汁饮料的种类非常多,如南方的椰子汁饮料、荔枝汁饮料、菠萝汁饮料,北方的红苹果汁饮料、柿子汁饮料、梨汁饮料等。还有一些兼有水果与蔬菜双重特性的果蔬汁饮料,如清淡爽口、风味纯正的莲藕汁、胡萝卜汁、西红柿汁、白菜汁等。

目前,果蔬汁饮料开发总的趋势大致有三个方面:一是开发具有热带风味的天然果汁饮料,如椰子汁、芒果汁、菠萝汁等;二是开发蔬菜汁饮料,这是国际上兴起的饮料新潮流,蔬菜中含有酶,可以直接参与人体新陈代谢,这种特殊作用是一般水果所没有的。目前,国外已有用胡萝卜、芦笋、白萝卜、大蒜等作原料的饮料;三是开发野生果汁饮料,也称为第三代果汁饮料。由于野生果树中含有的维生素、氨基酸或微量元素比传统的第一代果汁饮料(橘子、苹果等)高几倍甚至几十倍,有的还有药用价值,因此大有后来者居上之势。

果汁(Juice)饮料分鲜榨、罐(瓶)装和浓缩三种。果汁既可单饮,又可以作调制鸡尾酒的辅助材料。

知识点三:果汁、果汁饮料、水果饮料的区别

1. 果汁。果汁是指经过各种方法将水果加工制成未经发酵但能发酵的汁液,或在浓缩果汁中加入与浓缩果汁时失去的天然水分等量的水,具有原水果果肉的色泽、风味和可溶性固形物含量。果汁含量为100%。

2. 果汁饮料。果汁饮料是指在果汁(或浓缩果汁)中加入水、糖液、酸味剂等调制而成的清汁或混汁制品。成品中果汁含量不低于10%,如橙汁饮料、菠萝汁饮料、苹果汁饮料等。

3. 水果饮料。水果饮料是指在果汁(或浓缩果汁)中加入水、糖液、酸味剂等调制而成的清汁或混汁制品。成品中果汁含量不低于5%。

果汁饮料和水果饮料仅在果汁浓度上有差别,但字面上却很相似,例如苹果汁饮料是果汁饮料,而苹果饮料却是水果饮料。

知识点四：饮用果蔬汁饮料应注意的问题

1. 保存要得法

榨取的鲜果汁保鲜时间为 24 小时，罐装果汁开启后可以保存 3 天，稀释后的浓缩果汁只能存放 2 天。

2. 饮用要节制

尽管果蔬汁饮料有如此多的优点，但也不能没有节制地喝。现在城市中有一种被称为“果汁尿”的病的发生率正呈增高的趋势，其原因就是饮用果汁太多，水果中大量的糖不能为人体吸收利用，而是从肾脏排出，使尿液发生变化所致。日久天长，它将引起肾脏病变。

知识点五：如何制作果蔬汁饮料

一般来说，水果和蔬菜宜分开榨取。但菠菜、花菜、甘蓝、生菜、香菜等绿色蔬菜则应与胡萝卜或苹果混合榨汁，因为胡萝卜和苹果有调味与中和的作用；另外，橙汁和蜂蜜可作为调味剂使用。通常一杯蔬菜汁中绿色菜汁应占 1/4，其余 3/4 可加胡萝卜、苹果及其他清淡些的菜汁调配。

知识点六：如何正确饮用果蔬汁饮料

果汁的最佳饮用温度为 10℃，饮用前宜先放冰箱冷藏。饮用时最好将菜汁含在口中一会儿，再慢慢下咽，这样能促进口腔中消化酶的分泌，有效地消化吸收菜汁中的营养成分。每日饮用的菜汁与果汁量之比以 2:1 为好。

知识点七:果蔬汁饮料服务要点

1. 果汁的最佳饮用温度为10℃,因此果蔬汁制好后在10℃左右服务客人。

2. 制作鲜榨果蔬汁时,应把水果蔬菜洗干净,大部分水果应去皮,否则会影响果蔬汁的品质。

3. 用果汁杯服务客人。婀娜多姿的杯身会让人联想到亚热带水果的芬芳味道。

蒸 馏 酒

蒸馏酒是指在发酵酒的基础上,用蒸馏器提高其度数而成的酒,其特点是酒度高,营养价值低,常喝对身体刺激性较大。

世界上著名的蒸馏酒主要包括白兰地、威士忌、朗姆酒、伏特加酒、金酒、特基拉酒等。中国的白酒也属于此范畴。

模块1

白 兰 地

(一)白兰地简介

知识点一:认识白兰地

关于白兰地的解释有广义和狭义两种:从广义来讲,白兰地是指所有用水果发酵蒸馏而成的烈酒。这些水果包括葡萄、苹果、樱桃、杏等;从狭义来看,白兰地是指用葡萄为原料经发酵、蒸馏而成的烈酒。

世界上绝大多数著名品牌的白兰地都生产在法国,法国白兰地大多是用葡萄酒蒸馏陈酿而成的,其中以有“白兰地之王”之称的、法国南部科涅克(cognac)地区所产的白兰地最醇、最好。

知识点二:白兰地的品尝

白兰地的酿制过程是艺术加工过程,其酒香千变万化,层出不穷,因此品尝白兰地也非常有讲究。

1. 对环境的要求

时间最好在上午11:00左右人有饥饿感时,这时是人体器官最易吸收白兰地的时候。试酒时,光线应暗淡,周围不能有太多的颜色, 周围环境应绝对安静。

2. 对酒杯的要求

与平时喝白兰地使用球形杯不同,鉴赏白兰地应使用高身郁金香形酒杯,以使白兰地的香味缓缓上升。品尝者可以逐渐分析其千姿百态的、各种层次的酒味。而球形杯会使香味集中于杯子中央,从而影响正常品尝。

3. 对试酒量的要求

试酒时不能斟得太满,以到杯子1/3处为宜,要让杯子留出足够的空间,使酒香环绕不散,达到最佳的品尝效果。

4. 品尝程序

(1)观色。看白兰地的颜色。上乘的白兰地呈金黄色,晶莹剔透,灿烂但不娇艳。带有暗红色的白兰地质量较差,有些是加色素所致。

(2)闻香。法国科涅克白兰地香味独特,素有“可喝之香水”的美称,高质量的白兰地,其味道并不单一,应是丰富多彩、有层次的,其香味不断翻滚,经久不散。

(3)尝味。第一口不要喝得太多,一小滴白兰地沿着舌尖,经整个舌头进入喉咙,通过舌头上不同的味感区,可感受到醇香的酒味;第二口可多喝些,感受那种温暖的、没有强烈刺激的、葡萄发酵后与橡木混合形成的酒香味。

知识点三:白兰地的饮用

1. 选用酒杯

根据不同场合的要求,常使用白兰地专用杯(或称球形杯)及郁金香形杯具。

白兰地酒杯肚大口小,这是为了充分享用白兰地而特殊设计的。"闻"是享受的主要部分,窄口的设计是让酒的香味尽量长时间地留在杯内;为什么大肚呢?这是为了充分享受其酒香。白兰地的酒精含量在40度左右,散发较慢。喝酒时,可用手掌托杯,利用体温将热量传至酒中,使杯内的白兰地微热,易于香气散发,同时晃动酒杯,以扩大酒与空气的接触面,促进酒香味道进一步散发。

2. 白兰地的净饮方法

白兰地主要作为餐后用酒,享用白兰地的最好方法是不加任何东西净饮,特别高档的白兰地更要如此,这样才能品尝出白兰地的醇香。倒在杯子里的白兰地以一盎司为宜,服务方式是将大肚杯横放于桌上,以白兰地不溢出为准。

3. 用作混合饮料的配制

因白兰地有浓郁的香味,它还被广泛用作鸡尾酒的基酒,常和各种利口酒一起调制成鸡尾酒。调制方法大多采用摇壶摇混法。另外也与果汁、碳酸饮料、奶、矿泉水等一起调制成混合饮料。

（二）干邑

世界上最好的白兰地叫科涅克(Cognac)，又称为干邑。

知识点一：干邑(科涅克)的命名和特点

所有的干邑都是白兰地，但不是所有的白兰地都可称为干邑。

法国科涅克地区独有的阳光、温度、气候、土壤极适于甜酸度适中的葡萄的生长，用它来蒸馏白兰地是无与伦比的。

1909年5月1日，法国政府公布了一条关于法国国家名酒科涅克的法令。这条法令规定，只有在科涅克地区(包括夏朗德省境内及附近七个区，其中以大香槟区和小香槟区最著名)生产的白兰地才能称为法国国家名酒，并受到国家法律的保护。只有科涅克地区的白兰地才有资格被称为干邑。

科涅克酒的特点十分独特：酒液呈琥珀色，洁亮有光泽；口味精细考究，风格豪壮英烈，酒度43.5度。有人说科涅克和夏朗德当地人一样，态度诚恳，性情稳健，自信干练。

知识点二：科涅克名酒的几大产区

1. 大香槟区

这个产区有专为制造白兰地而种植的葡萄11304公顷。它包括整个科涅克地区，直到夏朗德滨海省的北部和夏朗德省的西南部。科涅克的葡萄老熟时间长，储藏时间也较长，不仅产量高，而且质量好。

2. 小香槟区

这个产区专为制造白兰地培植的葡萄有12685公顷，它是围绕大香槟产区的南部地区种植的。小香槟区产的白兰地,质量同大香槟区接近,其味稍淡一些。

3. 波尔得尔

这个产区不大,专为制造白兰地培植的葡萄有 3542 公顷。栽培地区在科涅克西北部、夏朗德的右岸,所产白兰地质量极好。

4. 芳波瓦

这个产区专为制造白兰地培植的葡萄有 3542 公顷。它围绕着大香槟区、小香槟区和波尔得尔产区栽培。所产白兰地不如大香槟的白兰地细致,但成熟快。

5. 蓬波瓦

这个产区专为制造白兰地培植了 11057 公顷葡萄。栽种的葡萄围绕芳波瓦向西南部和南部延伸。蓬波瓦生产的白兰地具有一种特有的、使人感到愉快的风味。

6. 波瓦和乡土波瓦

这两个区共种植生产白兰地的葡萄 3552 公顷,它在蓬波瓦的西北部。所产白兰地具有大西洋气候所特有的、似用海藻烟熏制成的食品的风味。

知识点三:科涅克酒的天然条件

1. 葡萄的品种

法国政府规定,制造科涅克白兰地的主要葡萄品种有三个,都是白葡萄,它们是白玉霓(Ughi Banc)、可伦巴(Colombard)、白疯女(Folle · blanche)。这三个品种酸度大、产酒酒精度低,符合生产科涅克白兰地的要求,是科涅克生产优质白兰地的关键因素。

2. 土壤

科涅克地区存在不同类型的土壤,生产不同类型的白兰地:香槟区白兰地土壤中含钙极丰富,波尔得尔白兰地来源于科涅克的脱钙土壤,波瓦白兰地的土壤经常是潮湿的。

3. 气候

夏朗德的气候属于大陆气候,大西洋的海洋气候缓和了它邻近地区气候变化的温度,使空气能够保持一定湿度。每年一月和整个春季下雨的次数很多,动土播种葡萄以前,土壤中已积蓄了一定量的水分。六月气温相当高,七八月份的气候很干燥,有利于葡萄成熟。葡萄采收的时间较晚,一般要拖至十月甚至十一月初。这是一个断断续续充满阳光的季节。

科涅克地区的西风和西北风对某些地区的土壤也有一定的影响,如近海地区的含铅土壤同夏朗德东部、科涅克中部地区的土壤相同,但却生产不出质量相同的科涅克白兰地。

知识点四:科涅克酒的名品

科涅克酒的名品很多,著名的有:

轩尼诗(Hennessy)

马爹利(Martell)

人头马(Remy Martin)

百事吉(Bisquit)

拿破仑(Courvoisier)

长颈(F. O. V)

御鹿(Hine)

金像(Otard)

奥吉尔(Augier)

……

知识点五:几家著名科涅克白兰地酒商

马爹利、人头马、轩尼诗等著名的干邑白兰地风靡世界,近两年来,这些公司更是将市场营销的重点转向亚洲,特别是在中国内地,进行大规模的广告促销活动,销量激增。中国内地和香港已成为轩尼诗公司十大市场之一。

闻名世界的法国白兰地当属马爹利、轩尼诗和人头马,它们的创始人原来都是经销商。其共同特点是用科涅克产区生产的原白兰地生产成品白兰地,贴上他们的商标在国内外销售。他们不同于一般经销商之处是都设有专门储藏白兰地的酒窖,备有大量的橡木桶、包装设备等,并且还有自己的技术人员及工人。

他们的主要工作是利用资本将农民蒸馏的白兰地或葡萄酒收购下来,加以储存、调配,再贴上自己的商标,装瓶或装桶行销于世。

1. 马爹利

马爹利是一个厂商的名字,他出生于爱尔兰,于 1715 年来到科涅克安家落户,经营起白兰地业务。他经营的白兰地业务很快向荷兰、德国和美国发展。1753 年马爹利死后,留下一妻两子。

马爹利的妻子继续经营白兰地业务。1755 年的英法战争和 1776 年的美国独立战争,都没有影响她向这两个国家出口白兰地。

当马爹利的妻子死后,他的两个儿子仍旧经营白兰地业务。当法国和英国、荷兰发生冲突,大陆被包围,重新威胁白兰地业务时,马爹利公司通过中立国的船只成功地进行对外贸易。法国帝国崩溃后,马爹利公司有了更大发展,其白兰地畅销世界直至今天。

2. 轩尼诗

轩尼诗也是一个厂商的名字,他原是为法国皇宫服务的爱尔兰籍军官,因厌倦部队生活而辞职,寄居到科涅克。他在科涅克喝到了白兰地后很是欣赏,便买了几桶寄给他爱尔兰的亲戚和朋友。后来,他收到一些爱尔兰朋友的来信,委托他代购科涅克白兰地,由此激发了他经营白兰地业务的兴趣。

1765 年,轩尼诗成立了公司,到他儿子这一代便改名为轩尼诗园。轩尼诗已成为法国科涅克的著名商标之一。如今,亚洲已成为该公司的最大市场,约占总出口量的一半。公司还在亚洲设立了"轩尼诗创意和成就奖",著名的导演谢晋和作曲家杜鸣心为中国的两个得主。

3. 人头马

Remy Martin(译作人头马)也是厂商的名字,现已成为法国白兰地的著名商标。

1974 年是人头马公司成立 250 周年纪念,为了庆祝这个日子,人头马的后代将一部分真正的老白兰地投放市场。

在科涅克地区,特别是大香槟产区种植葡萄的农民,每个家庭都有储藏部分白兰地作为"珍宝"的习惯,这些珍宝代代传下去人们却舍不得喝,酒商们也保存了一些这样的白兰地。这些老白兰地有的储藏达几十年甚至上百年之久。

250 周年是一个重大的纪念日,人头马的后裔把储藏多年的白兰地瓶装酒装在木匣中,向市场投放了 38090 瓶。他们的木匣内附有一张证明,宣传这些白兰地有 50 年的酒龄,每瓶酒高达 850 法郎。

知识点六：科涅克白兰地的酒龄与酒质的关系

1. 科涅克白兰地的酒龄

法国白兰地在商标上标有不同的英文缩写，来表示不同的酒质。

英　文	缩　写	中文解释
Cognac	C	科涅克(干邑)
Especial	E	特别的
Fine	F	好
Old	O	老的
Pale	P	浅色的
Superior	S	上好的、优质的
Very	V	非常的
Extra	X	格外的

为了在国际上对法国名酒白兰地的酒龄有明确认识，法国政府特作了如下规定：

酒　标	酒　龄	中英文注解	备　注
X.O	6～50年	Extra Old (特级陈酿白兰地)	含有很老的酒，所用调配酒至少有6年以上，其酒龄可达50年或更长。
Napoleon	5年半以上	Napoleon (拿破仑等级白兰地)	是指陈酿5年半以上的酒，不是指拿破仑时代留下来的酒。

续表

酒标	酒龄	中英文注解	备注
V. S. O. P	4年半以上	Very Superior Old Pale（非常优质的陈年淡色白兰地）	/
Three Star（★★★）	3年以上	Three Star（三星白兰地）	干邑作坊只需18个月酒龄

实际上，好的白兰地是由多种不同酒龄的白兰地相互掺兑而成的。表格中所列陈年期是掺兑酒最起码应达到的年份。至于拿破仑陈酿40年、XO陈酿50年的说法，多半是酒商们的宣传。当然，这类酒至少用了少量陈年这么久的白兰地来勾兑。

2. 白兰地的酒龄与酒质的关系

白兰地的酒龄决定了白兰地的价值，陈酿时间越久，质量越好。白兰地在老熟过程中，氧气从桶壁进入桶中发生氧化，在此过程中引起复杂的化学反应并发出酒香。

另外，橡木桶的溶解物质和它的衍生物对于白兰地老熟和产生酒香影响极大。不过，对于老熟的全部情况，只有有经验的酒窖专家才知晓。目前销售的白兰地多是混合的，而且需要装瓶前几个月混合，混合时用酒精含量为40%～43%的各种白兰地加上蒸馏水、色素，装在木桶中用搅拌器搅拌，就成为混合的白兰地，几个月后再装瓶出售。

（三）亚马邑

知识点一：认识亚马邑

亚马涅克白兰地（armagnac）产区主要在法国西南部的热尔

(Gets)省,种植面积不足科涅克的一半。

亚马邑的土质是砂性,混有黏土、石灰岩和花岗岩,以砂性土上生长的葡萄制作的亚马邑为最佳。法国政府于1909年5月批准了亚马邑地区自订的名称监制制度。从此,亚马邑的生产包括葡萄品种、葡萄种植、蒸馏技术、陈酿和勾兑都受到严格的控制。

为法国法律认定可作为生产亚马邑的葡萄品种有圣·爱米里昂(St. Emilion)、科隆巴(Colombard)、白福尔(Polle Blanche)等六七个品种。这些葡萄的特点是酿出的葡萄酒酒度低,为9%左右,酸度较高大于1%。

亚马邑酒液呈黑琥珀色,香气浓郁。陈年或远年酒酒香袭人,留杯悠长,酒度43%。

亚马邑名品有:卡斯塔浓(Castagnon)、夏博(Chabot)、珍尼(Janneau)、莱福屯(Lafontan)、莱波斯多(Lapostole)、索法尔(Sauval)、迈利本(Maniban)等。

知识点二:亚马邑与科涅克的工艺差异

其一,亚马邑是一次性连续蒸馏而成,蒸馏液的酒精度不能大于60%。这样是为了使蒸出的白兰地更充满香气。

其二,储酒桶的材料是用法国 Monlezun 森林的黑橡木桶(Black Oak)制成的。这种木材色黑、树液多,有细小纹理,和酒接触的表面积较大。亚马邑复杂的风味、深的颜色都是由此而来的。其陈酿时间较科涅克短。

其三,亚马邑陈酒的鉴别标准是以1、2、3、4、5来表示的。陈酿一年者是从蒸馏完毕的5月1日至来年的5月1日,用1表示;陈酿两年者用2表示;依此类推。1~3者常用"2"、Trois Etoiles(三星)、Monopole(专营)、Selection Deluxe(精选)等表示。

（四）其他白兰地

知识点一：马克白兰地

马克白兰地是用葡萄渣发酵后蒸馏取酒的，透明无色，有明显的果香，口感凶烈，刺激较大，后劲足，较容易上头，酒度是68% ~ 71%。宜做餐后酒。

马克白兰地产于法语国家，其中以法国勃艮第的马克白兰地是最好的品种，名品有勃艮第马克白兰地（Marc de Bourgogne）、香槟志老马克酒（Vieux Marc de Champagne）等。

知识点二：西班牙白兰地

除法国以外，西班牙的白兰地是最好的。有些西班牙白兰地，是用雪利酒蒸馏而成的。目前许多这种酒，是用各地产的葡萄酒蒸馏后混合而成的。此酒在味道上与科涅克和亚马涅克有明显的不同，味较甜而带土壤味。

西班牙白兰地名品有卡洛斯（Carlosl）、达福戈顿（Duff - Gordon）、方瑞 （Ferry）、三得门（Sandeman）等。

知识点三：美国白兰地

美国白兰地部分产于加州，它是以加州产的葡萄为原料，发酵蒸馏至85proof，储存在白色橡木桶中至少两年，有的加焦糖调色。另外，美国还生产一种以苹果为原料的苹果白兰地，以杰克苹果（Apple Jack）白兰地最为驰名。此酒制作过程简单，即把熟透的苹果完全发酵至没有糖为止，再蒸馏至140proof ~ 160proof，再移至木桶中陈放2 ~5 年，装瓶时的酒度为50度。

美国白兰地名品教友白兰地（Christian Brothers）、果渣白兰地

(Pomace)、伍德梅(Woodbury)、保尔门生(Paul Masson)等。

除此之外,葡萄牙、秘鲁、德国、希腊、南非等国也生产优质的白兰地。

模块2

威士忌

知识点一：威士忌简介

威士忌是从英文 Whisky 或 Whiskey 直译过来的。Whisky，是指苏格兰威士忌和加拿大威士忌，而美国威士忌、爱尔兰威士忌则用 Whiskey。

威士忌是以大麦、黑麦、燕麦、小麦、玉米等谷物为原料，经发酵、蒸馏后放入橡木桶中醇化而酿成的高酒度饮料酒。

最著名也最具代表性的威士忌分别是苏格兰威士忌、爱尔兰威士忌、美国威士忌和加拿大威士忌这四大类。

由于所用谷物、水质、蒸馏方法等不同，使得每种威士忌有其特别的颜色和味道，其中以苏格兰威士忌最负盛名。

知识点二：苏格兰威士忌(Scotch Whisky)

1. 认识苏格兰威士忌

苏格兰威士忌酒具有独特的风格，它的色泽棕黄带红(酷似中国黄酒的色泽)，清澈透明，气味焦香，略有烟熏味，口感干洌、醇厚、劲足、绵柔，使人们感觉到浓厚的苏格兰乡土气息。

衡量威士忌的主要标准是嗅觉感受,即酒香气味,苏格兰威士忌是世界上最好的威士忌。

苏格兰威士忌产于英国北部的苏格兰地区,主要产地为高地(Highland)、低地(Lowland)、康贝儿镇(Compel Town)、伊莱(lslay)。主要分为纯麦芽威士忌(Pure Malt Whisky)、谷物威士忌(Grain Whisky)和兑和苏格兰威士忌(Blended Scotch Whisky)三种类型。

2. 苏格兰威士忌的制作过程

苏格兰威士忌的生产工艺极其精细、讲究,对原料、水质、蒸馏设备及方法、陈酿及混合等工序都有严格的限定。

(1)水质。选择清澈、纯净的水源是酿造优质威士忌的第一步。生产威士忌的水不仅质软、含杂质少,而且也极为清亮。不管是泉水、小溪水或河水,抑或是泉水,当地上的水渗入地下时,经过灌木地带的泥炭层,会使泉水增添一股泥炭的芳香,用这样的水来浸渍大麦、糖化麦芽,自然会给浸渍物带来一股特殊的风味。

(2)麦芽。生产过程的第一步是筛选大麦。几乎所有的酒厂都有自己的大麦种植基地,每家酒厂都和大麦庄园主和农艺家保持密切的联系,以确保能得到符合要求的原料。在传统的酒厂里,湿大麦放在水泥地板上发芽后,一般靠工人铺开,晾晒约 7 天,在此期间,要定期翻拌大麦,让温度保持在一定的水平以控制发芽速度。买来大麦后,酒厂根据发芽程度来确定确切的发芽时间。

(3)烘干。烘烤麦芽都用泥炭作燃料,泥炭燃烧产生的烟给麦芽增添了一股特殊的烟熏芳香。采掘泥炭是有季节性的。一般在夏季威士忌停止生产时,农民从沼泽地中挖泥炭,这些从地下挖出来的泥炭形如海绵,质地潮湿。农民用铲状工具将其分割成薄层摊开,经过夏季的风吹日晒,这样,泥炭就变形而且干燥了。在酒厂，麦芽首先用泥炭火干燥15～18个小时，然后继续通热风干燥48～55个小时，麦芽在泥炭火上干燥时吸收了泥炭中的碳酸，成就了苏格兰威士忌的独特风味。

(4)粉碎。麦芽干燥好放置一段时间后要被磨成粉，这个过程称为粉碎。没除去麸皮的粉放入一个被称为麦汁缸（Mash Tun）的大容器中，同时加入沸水。沸水的加入量也是影响威士忌独特风味的一个重要因素，因此各酒厂都对自己的水源和沸水加入量进行严格保密。麦汁缸的形状大小各异，但都是铜质而且都带有盖子。麦粉溶解在沸水中，糖从麦粉中渗出。麦汁缸底部有一细滤网，经压榨过滤得到的滤液称为麦芽汁，麦芽汁经冷却后，通入发酵罐或发酵酒桶中。剩下的固体残渣可取出作牛饲料。

(5)发酵。麦芽汁在一个大的木制发酵桶中冷却到70℃左右时加入液体酵母或固体酵母，酵母立即开始发酵，麦汁中产生二氧化碳，开始起泡。苏格兰的麦芽威士忌酒厂使用的发酵酒桶都有带旋转桨的酒桶盖子，这样可防止泡沫泼出桶外。糖转化成酒精后经过约48小时，温热甜润带有泥炭香的酒精度约为7%的发酵液便制成了。

(6)蒸馏。传统的壶式蒸馏锅是常用蒸馏设备。蒸馏威士忌的具体方法是：用泵将发酵液打入一个储存罐中备用，在蒸馏时将储存罐中的发酵液放入壶锅中，直接用火加热。发酵液中含有的酒精经过加热汽化，气体挥发上升至一根铜管内，这根铜管被埋在不断流动的冷水中，挥发的酒精气体在铜管中遇冷凝结流入一个容器中。继续加热，使发酵液中的酒精全部蒸出。这种蒸馏酒英国人叫"低度酒"（Low Wines），这种低度酒或称粗馏酒，酒精度很低，含杂质也较多。

将此种低度酒重新放在较小的壶式蒸馏锅中再蒸馏一次。将这次蒸馏出来的酒分成三部分：第一部分称为酒头，第二部分称为纯净的或中馏威士忌,第三部分称为酒尾。酒头酒尾质量很差,可混合在一起,加入到下次要蒸馏的粗馏酒中进行蒸馏。优质威士忌即中馏酒精,其酒度为63% ~71%,用泵从酒精储存器打入酒精混合槽中,在酒精混合槽中加入水,将酒精稀释到42% ~44%,然后将稀释过的威士忌分别装入橡木桶中储存,待勾兑或待售。

(7)陈酿。蒸馏出来的酒精是无色的,口味较粗糙,要改变威士忌的色泽,改粗糙味为柔和味,就要经过几年的陈酿。依照英国酒法的规定,威士忌必须在橡木桶中储存,用至少3年的时间进行老熟。威士忌最合适的成熟时间取决于威士忌所含的成分。一般说来,谷类威士忌比纯麦芽威士忌的口味轻一些,成熟得比较快;混合威士忌的老熟时间比纯麦芽威士忌要长些。成熟了的威士忌一般供应给威士忌销售商去勾兑。

(8)勾兑(混合)。勾兑,即将多种不同的威士忌进行混合,它是一门艺术。通过勾兑,威士忌获得一种“和谐”,可保证当年的质量与上年的质量基本相似。如何勾兑,这是个秘密。大家熟悉的威士忌“红方”“黑方”,在英国是名气最大、产量最多的牌子。它们是用40个不同威士忌厂生产的麦芽威士忌勾兑而成的。

3. 苏格兰威士忌的分类及名品

苏格兰威士忌主要分为纯麦芽威士忌、谷物威士忌和兑和苏格兰威士忌三种类型。三种苏格兰威士忌在质量上有显著区别,这充分体现在价格上:若设纯麦芽威士忌的价格为100%,谷物威士忌仅为纯麦芽威士忌价格的33%左右,兑和威士忌为纯麦芽威士忌价格的66%左右。

(1)纯麦芽威士忌。纯麦芽威士忌是以在露天泥煤上烘烤的大麦芽为原料,用罐式蒸馏器蒸馏后,入特制木桶中陈酿,装瓶前用水稀释。此酒烟熏味浓重。陈酿5年以上的酒可以饮用,陈酿7~8年为成品酒,陈酿15~20年者为最优质酒。储存20年以上的陈酒质量会下降。纯麦芽威士忌深受苏格兰人喜爱,由于味道过于浓烈,所以只有 10% 直接销售,约 90% 作为勾兑混合威士忌用。

名品有:格兰裴第切又译金发地(Glenfiddich)、格兰利裴(Glenlivet)、马加兰(Macallan)、高地公园(High Land Park)等。

(2)谷物威士忌。它是采用多种谷物作为原料一次蒸馏而成的,比如荞麦、黑麦、大麦、小麦、玉米等。主要是以不发芽的大麦作主料,用麦芽作糖化剂生产的。它的区别在于大部分大麦不发芽,不发芽就不会用泥煤烘烤,成酒后的泥炭香味也就少一些。谷物威士忌主要用于勾兑其他威士忌,很少在市场上零售。

(3)兑和威士忌。兑和威士忌是指用纯麦芽和各类威士忌掺兑而成的混合威士忌酒。勾兑是一门技术性很强的工作,要由专门的兑酒师来完成。勾兑时,不仅要考虑到纯、杂粮酒液的比例,还要顾全各种勾兑酒液的年龄、产地、口味等其他勾兑特性。经过混合的威士忌,原有麦芽味已经冲淡,嗅觉上更吸引人,很受欢迎,畅销世界各地。平时,如果人们只提到威士忌,多半是指兑和威士忌而言。

根据纯麦芽威士忌和谷物威士忌所占比例的多少,勾兑后的威士忌有普通和高级之分。一般来说,纯麦芽威士忌用量为 50% ~80% 者,为高级混合威士忌;如果各类威士忌所占比重大,即为普通威士忌。兑和威士忌在世界销售的品种最多,是苏格兰威士忌的精华所在。

主要的名牌产品有:黑方(Johnnie Walker Black Label)、红方(Johnnie Walker Red Label)、蓝方(Johnnie Walker Blue Label)、芝华士(Chivas Regal Whisky)、护照(Passport Whisky)、老帕尔(Old Parr)、金铃(Bell's)、顺风(Cutty Sark)、珍宝(J&B)、白马(White Horse Whisky)等。

知识点三:爱尔兰威士忌(Irish Whiskey)

1. 认识爱尔兰威士忌

爱尔兰制造威士忌至少有700年的历史了,有些专家认为威士忌的鼻祖是爱尔兰,以后才传至苏格兰。爱尔兰威士忌是用大麦(约占80%)、小麦、黑麦等的麦芽作原料酿造而成的,经过三次蒸馏,然后入桶陈酿,一般需8~15年,装瓶时不能混合掺水稀释。因原料不用泥煤烘烤,所以没有焦香味,成熟度较高,口味绵长,酒度为40度,适合于制作混合酒和与其他饮料兑饮。风靡世界的爱尔兰咖啡(Irish Coffee)就是以此作基酒调配成的。

2. 爱尔兰威士忌著名品牌

著名的品牌有:尊占臣(John Jameson)、吉姆逊父子(John Jameson & Son)、老布什米尔(Old Bushmills)、物拉莫尔露(Tullamore Dew)、帕蒂(Paddy)、莫菲(Murphy's)、波威尔(Power's)。

知识点四:美国威士忌(American Whiskey)

美国是世界上最大的威士忌生产国和消费国。美国成年人平均每人每年饮用16瓶威士忌,这的确是个惊人的数字。

美国威士忌的制造方法没有特殊之处,只是所用谷物不同,蒸馏出的酒精纯度也较低。美国西部的宾夕法尼亚州、肯塔基和田纳西地区是威士忌的制造中心。

1. 单纯威士忌

原料为玉米、黑麦、大麦或小麦,不混合其他威士忌或谷类中性酒精,制成后放在橡木桶中至少存2年。所谓纯威士忌,并不是像苏格兰纯麦威士忌那样,只用一种大麦芽制成,而是以某一种谷物为主（不得少于51%），还可以加入其他原料。

单纯威士忌又分为四种：波本威士忌、黑麦威士忌、玉米威士忌、保税威士忌等，其中尤以波本威士忌最为著名。

波本（Bourbon）原是美国肯塔基州的一个地名，在波本生产的威士忌被称作波本威士忌，后来，波本威士忌成为美国威士忌的一种类别的总称。波本威士忌的原料是玉米、大麦等，经过发酵蒸馏后，装入新橡木桶4年，最多不超过8年，装瓶时要用蒸馏水稀释至43.5度。酒液口感醇厚、绵柔，以肯塔基州的产品最有名，价格也最高。名品有：四玫瑰（Four Roses）、占边（Jim Beam）、老祖父（Old Grand Dad）、野火鸡（Wild Turkey）、积丹尼（Jack Daniel）、老宪章（Old Charter）、沃克（Walker's）等。

2. 混合威士忌（Blended Whiskey）

它是用一种以上的单一威士忌以及20%的谷物中性酒精混合而成的，装瓶时，酒度为40度，常用来做混合饮料的基酒，共分三种：

（1）肯塔基威士忌。是用该州所出的纯威士忌和谷类中性酒精混合而成的。

（2）纯混合威士忌。是用两种以上纯威士忌混合而成的，不加谷类中性酒精。

（3）美国混合淡质威士忌。是美国的一个新酒种，用不得多于20%的纯威士忌和80%的酒精纯度100proof的淡质威士忌混合而成的。

3. 淡质威士忌（Light Whiskey）

是美国政府认可的一种新威士忌，蒸馏时酒精纯度高达161～189proof，用旧桶陈酿。淡质威士忌所加的100proof的纯威士忌不得超过20%。

除此之外,在美国还有一种称为 Sour-Mash whiskey 的,这种酒是将老酵母(即从先前发酵物中取出的)加入要发酵的原料里(新酵母与老酵母的比例为 1:2)蒸馏而成的,用此种发酵法造酒酒液比较稳定。

知识点五:加拿大威士忌(Canadian Whisky)

加拿大威士忌多由法裔加拿大人制造。根据该国法律规定:威士忌原料必须是谷物(以玉米、黑麦为主),酒度是 45 度,经两次蒸馏,用木桶陈酿,上市的酒要陈 6 年以上,如果少于 6 年,必须在标签上注明。

加拿大威士忌酒色棕黄,酒香芬芳,口感轻爽,以淡雅著称。据专家分析,加拿大威士忌味道独特的原因有:一是加拿大寒冷气候影响了谷物的质地;二是水质;三是蒸馏出酒后,马上就加以混合。

加拿大威士忌在国外比在国内更有名气,名品有:加拿大俱乐部(Canadian Club)、士鉴特醇(Seagram's V. O.)、米盖伊尼斯(Me Guinness)、辛雷(Schenley)、怀瑟斯(Wiser's)、古董(Antique)、加拿大宅(Canadian House)、数 8(Number Eight)等。

知识点六:威士忌的饮用方法

1. 用杯

威士忌的服务用杯是 6~8 盎司的古典杯。用平底浅杯饮酒能表现出粗犷和豪放的性格。

2. 用量

标准用量为每份 40 毫升。

3. 饮用方法

最常见的威士忌饮用方法有以下四种:

(1)威士忌加冰块。在古典杯中,先放入两三块小冰块,再加入40毫升威士忌。

(2)威士忌净饮。在酒吧中,常用"↑"标号来表示威士忌净饮。一般用古典杯,美国人在净饮威士忌时喜欢用容量为1盎司的细长小杯。

(3)威士忌兑饮。威士忌可以作调制鸡尾酒的基酒,如威士忌酸(Whisky Sour)、曼哈顿(Manhattan)、古典(Old Fashioned)等著名的鸡尾酒就是用它作基酒调制的。

(4)威士忌兑水。所兑的水可以是冰水或汽水可乐,如苏格兰苏打(Scotch soda)即是苏格兰威士忌兑苏打水饮用,但需先加冰块,用冷饮杯服务。方法是:在冷饮杯中,先放入两三个小冰块,再加入定量的威士忌和八分满的苏打水,以柠檬饰杯,插入吸管饮用。

模块3

金 酒

金酒是一种以谷物原料为主酿制而成的蒸馏酒。原是荷兰百年前用作利尿、麻醉的外科药，由于它有振奋作用，人们把它稀释后就畅饮起来。这种酒在世界上名字很多，荷兰人称之为“Genever”，英国人叫“Hollands”“Geneva”或“Gin”，在德国叫“Wacholder”，法国人叫“Geneviere”。在国内也有不同的翻译方法，有叫琴酒的，也有叫毡酒的，我们称之为金酒。另外，因金酒是以杜松子为调香原料的，故又称其为杜松子酒。

知识点一：金酒的类型

世界金酒可分为两大类：荷式金酒与英式金酒。

1. 荷式金酒（Genever）

荷式金酒产于荷兰，主要产区集中在斯希丹（Schiedmn）一带，金酒是荷兰的国酒。

荷兰金酒是以大麦芽为主料（也有的用玉米、黑麦）加入一些香料（如：胡荽、苦杏仁、小豆蔻、桂皮、柠檬、橙皮等，最主要的是杜松子）蒸馏而成。其程序是：先提炼谷物原酒，经过三次蒸馏后，再加入香料进行第四次蒸馏，最后去掉酒头与酒尾，便得到了金酒，金酒不需要陈酿。一般地，酒度越高，酒质越好。

荷式金酒酒液无色透明，酒香与香料味突出，近乎怪异，个性强，微甜，酒度在52度左右。因酒的口味过于甜浓，可以盖过任何饮料，所以只适宜单饮，不宜作调制鸡尾酒的基酒。

荷式金酒的著名品牌有：波尔斯（Bols）、波克马（Bokma）、亨克斯（Henkes）、哈瑟坎坡（Hasekamp）等。

2. 英式干金酒（London Dry Gin）

它是淡体金酒，干金的意思是指不甜，不带原体味，英式金酒生产程序简单，将烈性谷物原酒与杜松子和其他香料共同蒸馏。它透明无色，酒香浓郁，口感干洌、醇美、爽适，深受世人欢迎，世界上有很多国家生产干金酒，尤以英国产的伦敦干金酒享誉最高。

名品有：英王卫兵（必发达）（Beefeater）、哥顿金（Gordon's）、添加利（Tanqueray）、红狮（Booth's high Dry）、皇牌伦敦干金酒（Ashby's London Dry Gin）、钻石金（Gilbey's）、老妇人（Old Lady's）、伯内茨（Burnett's）等。

知识点二：金酒的饮用方法

1. 用量

在酒吧里，金酒的每份标准用量为25毫升。

2. 饮用时机和方法

金酒在餐前和餐后饮用，饮用时稍加冰镇。

金酒可以净饮（以荷式金酒最常见）。净饮时，常用利口酒杯或古典杯；金酒也可以兑水饮用（以伦敦干金酒最常见），著名的金汤力（Gin & Tonic）是此类饮料的典型代表。操作时需先加冰块，倒入适当的汤力水后，以柠檬片饰杯。

模块4

伏 特 加

Vodka 在俄语中有“水酒”之意，波兰文中的 Wodka 与 Vodka 的写法接近，也有“水酒”的含义。伏特加酒并非俄罗斯的特产，它虽出自东欧，可近几十年来已变成国际性的重要酒精饮料。伏特加的消费大国除俄罗斯、波兰外，还有美国、英国、法国、芬兰等国家。

知识点一：俄罗斯伏特加

1. 俄罗斯伏特加的特点

俄罗斯伏特加又译作俄得克酒。最初的用料是大麦，以后逐渐改用含淀粉的玉米、土豆。俄罗斯伏特加的酿造过程与其他蒸馏酒相比并无特殊之处，区别在于伏特加要进行高纯度的酒精提炼至 190proof（相当于 95 度），经两次蒸馏精炼后注入白桦活性炭过滤槽中，进行缓慢的过滤，以使蒸馏液与活性炭分子充分接触而净化，将原酒中包含的酸类、醛类、醇类以及其他微量物质去除，便得到了纯粹的伏特加。它不需要陈酿。

经过以上工序处理的伏特加，酒液无色，清亮透明如晶体，除酒香外，几乎没有什么别的香味，口味凶烈，劲大冲鼻，咽后腹暖，但饮后绝无上头的感觉。

2. 俄罗斯伏特加的著名品牌

俄罗斯伏特加著名的品牌有：莫斯科绿牌(Moskovskaya)、首都红牌(Stolichnaya)、波士伏特加(Bolskaya)、柠檬那亚(Limonnaya)、斯大卡(Starka)、俄罗卡亚(Russkaya)、斯大罗伐亚(Stolovaya)等。其中质量最好的俄罗斯伏特加是莫斯科绿牌(Moskovskaya)。

知识点二：波兰伏特加

波兰伏特加在世界上颇有名气，它的酿造工艺与前苏联伏特加相似，区别是波兰人在酿造过程中，加入许多花卉、植物、果实等调香原料，使得波兰伏特加比俄罗斯伏特加更富韵味。

著名的酒牌有：兰牛(Bluc Bison)、维波罗瓦(Wyborow)、朱波罗卡(Zubrowka)等。

知识点三：其他国家的伏特加

如今，伏特加已不再是俄罗斯的专利产品，很多国家诸如美国、荷兰、法国、英国、瑞典等都生产与俄罗斯伏特加不相上下的产品。

比较著名的名品有：斯米尔诺夫(美国)Smirnoff、西尔弗拉多(美国)Silverado、沙莫瓦(美国)Samovar、芬兰地亚(芬兰)Finlandia、瑞典伏特加(瑞典)Absolute Vodka、哥萨克(英国)Cossack 等。

知识点四：伏特加的饮用与服务操作要点

伏特加酒的标准用量为每份 40 毫升，可选用利口杯(净饮时)或古典杯(净饮或加冰块时)，作为佐餐酒或餐后酒，常温饮用。

单饮时,备一杯凉水。快饮(干杯)是其主要的饮用方式。“大口大口地喝伏特加酒,佐之以鱼子酱和熏鱼,直至一醉方休……”常常被人们用来描述俄罗斯人和波兰人酷爱伏特加酒的情形。

因伏特加是一种无臭无味又无香气的酒,非常适宜兑果汁汽水饮用,而且也可作鸡尾酒的基酒,著名的鸡尾酒如螺丝钻(Screwdriver)、黑俄罗斯(Black Russian)、血玛丽(Bloody Mary)、盐狗(Salty Dog)都是以伏特加作为基酒调制成的。

模块5 朗姆酒

朗姆酒的中外文名称很多，外文将朗姆酒写作老姆酒、甘蔗酒等。

知识点一：认识朗姆酒

朗姆酒是一种带有浪漫色彩的酒，具有冒险精神的人都喜欢用朗姆酒作为他们的饮料。朗姆酒有“海盗之酒”的雅号，英国曾流传一首老歌，是海盗用来赞颂朗姆酒的。据说，英国人在征服加勒比海各大小岛屿时，最大的收获是为英国人带来了喝不尽的朗姆酒。朗姆酒的热带色彩，也为冰冷的英伦之岛带来了热带情调。

朗姆酒的主要原料是甘蔗，也可以说是用制作蔗糖所废弃的浮滓及泡滓为主，加入糖、蜜及蔗汁，发酵、蒸馏取酒的。根据种类不同，有些需要在橡木桶中陈酿，以便酒液染色，使酒具有色、香、味方面的特点；有些则不需要储存，这便是透明无色的朗姆酒。

朗姆酒的具体酿造过程非常复杂，朗姆酒世家为了保持优良酒质，一直保守着其酿制的秘密。

知识点二：朗姆酒的分类

根据不同的甘蔗原料和酿造方法，朗姆酒可分为五种：

1. 白朗姆酒(White Rum)

白朗姆酒又称 Agric Rhum(兰姆农酒)或 Gvapper(哥拉普),是一种新鲜酒,无色透明,蔗糖香味清馨,口味甘润,醇厚,酒体细腻,酒度在 55 度左右。

2. 老朗姆酒(Old Rum)

它是经过 3 年以上陈酿的陈酒,酒液呈橡木色,美丽而晶莹,酒香浓醇而优雅,口味精细、圆正、回味甘润,比白朗姆酒更富有风味。酒度为 40 ~43 度。

3. 淡朗姆酒(Light Rum)

它是一种在酿制过程中尽量提取非酒精物质的朗姆酒,呈淡白色,香气淡雅,适宜作混合酒的基酒。

4. 传统朗姆酒(Traditional Rum)

它是一种传统型的朗姆酒。酒液呈琥珀色,光泽美丽,透明如晶体,又称琥珀朗姆酒。甘蔗香味浓郁,口味醇厚、圆正,回味甘润。

5. 浓香朗姆酒(Great Aroma Rum)

它是一种香型特别浓烈的朗姆酒。甘蔗风味和西印度群岛的风土人情寓于其中,酒度在 54 度左右。

老朗姆酒、淡朗姆酒、传统朗姆酒和浓香朗姆酒,通称为“朗姆工酒”(Industrial Rum),它是相对于朗姆浓酒而言的。

知识点三:朗姆酒的名品

朗姆酒是世界上消费量最大的酒品之一,主要生产地有波多黎各、牙买加、古巴、海地、爪哇、多米尼加等加勒比海国家。比较有代表性的有两个国家:波多黎各和牙买加。

1. 波多黎各

波多黎各产的朗姆酒,以酒质轻淡而著称,有淡而香的特色,酒度在40度左右,名品有百家地(Bacardi)、朗利可(Ronrico)、唐Q(DonQ)等。

2. 牙买加

牙买加朗姆酒是以浓醇著称。味浓而辣,呈黑褐色,酒体丰满醇厚,酒度为40~43.5度。名品有:摩根船长(Captain Morgan),密叶斯(又译黑林朗姆酒)(myer's)、皇家高鲁巴(Comba Royal)、老牙买加(Old Jamaica)等。

知识点四:朗姆酒的饮用方法

朗姆酒每份的标准用量是40毫升,适合在餐前和餐后饮用,可选用利口杯(净饮时)或古典杯(净饮或加冰块时)。

在生产朗姆酒的国家,朗姆酒的独特风味只有在直接饮用时才能品味到。在美国则大多用来调制鸡尾酒。在欧洲,朗姆酒的特殊香味可加强糕点、糖果、冰激凌及法式大菜的风味,可加冰、加水、加可乐。热水加黑色朗姆酒是夏天治疗感冒的良方。

模块 6

特基拉酒

知识点一：特基拉酒的酿造方法

特基拉酒(Tequila)产于墨西哥的特基拉小镇，是墨西哥的主要烈酒。它是以龙舌兰(Agave)植物为原料的蒸馏酒。

龙舌兰的枝干像凤梨或松树。把它的枝干切成四等分，然后放进蒸汽锅内加热，取出后进行粉碎，再压榨取汁，剩下的残渣加上开水后再压一次，使所有的糖分都流出来，然后将这些甜汁泵入发酵槽内，发酵约 2 天后，即可进行粗馏和精馏，这时所得到的蒸馏液其酒度约为 45 度左右。经两次蒸馏至酒度为 52 ~ 53 度时，酒的香气突出，口味凶烈，然后放入橡木桶中陈酿。

陈酿时间不同，特基拉酒的颜色和口味亦差异很大。透明无色特基拉酒不需要陈酿；银白色特基拉酒储存期最多 3 年；金黄色特基拉酒储存期至少为 2 ~ 4 年；特级特基拉酒需要储存更长时间。

知识点二：特基拉酒名品

特基拉烈酒越来越受到世人瞩目，销量增加很快，名品有金快活(Jose Cuervo)、白金武士(Conguistador White)、阿兰达斯

(Arandas)、武士胜利(Two Fingers Gold)。

知识点三:特基拉酒的饮用方式

特基拉酒是墨西哥人非常喜欢的酒品,常用于净饮,饮用方式独特。每当饮酒时,墨西哥人总是右手执杯,左手拿半片柠檬,用手指沾些食盐,然后挤出柠檬汁,放入口内,再喝一口特基拉酒。这种饮法有利于消除墨西哥炎热的暑气。此外,人们还常以特基拉作基酒调制成鸡尾酒,如著名的特基拉日出(Tequila Sunrise)、玛格丽特(Margarita)、特基拉炮(Tequila Pop)等。

模块 7

中国白酒

中国白酒具有悠久的生产历史,品种繁多,风格独特。与世界其他地区的烈性酒相比,中国白酒风格独具:酒液清澈透明,质地纯洁,芳香浓郁,醇和柔润,刺激性较强。

知识点一:中国白酒的特点

从原料选用到生产制作有以下几个共同特点:

1. 是以含有淀粉或糖分的物质为主要原料制成的酒。
2. 是以曲为糖化剂和发酵同时进行,即采用复式发酵法生产。
3. 是固态发酵(部分小曲为半固态)、固态蒸馏而成的酒,原料投产后一般要经过多次糖化和发酵。

知识点二:中国白酒的生产原料

高粱、玉米、大米、糯米、大麦是酿造中国白酒的主要原料。这些原料特点不同,酿成的酒品质风味也各不相同,所谓"高粱香、玉米甜、大米净、大麦冲",十分简洁明了地勾勒出不同材料酿出酒品的不同风格。除此之外,中国白酒还用甘薯和一些辅助材料和代用材料,如米糠、稻皮、谷糠以及一些野生植物。

知识点三：酒曲

酒曲又称曲，是用谷物制成的发酵剂、糖化剂或发酵糖化剂。酒曲中含有大量的微生物，除常见的酵母菌外，还含有能起糖化作用的黄曲霉菌、黑曲霉菌以及既能起糖化作用又能起酒化作用的根霉菌和红曲霉菌。用酒曲酿酒可以使糖化和酒化两个酿酒过程结合起来，即糖化和酒化交叉进行，这种酿酒法称为“复式发酵法”，这是我们的祖先在酿酒工业中的伟大发明，对后世的酒类、酒精等的生产有着极其重大的影响。

目前，我国酿造白酒的酒曲大致有以下几种：

1. 大曲

大曲的得名主要是其成品的形状像大砖块，故也称块曲，一般每块重约 1000 ~ 1500 克。大曲制曲的主要原料是小麦、大麦、豌豆和黄豆等谷物。采用自然繁殖微生物的方法培制，在培曲的过程中，从原料、水、空气、工具等自然带入了各种微生物，因此，大曲含有丰富的微生物，其中主要是毛霉、根霉、酵母菌、曲霉和大量的杂菌、细菌，大曲还含有各种酶类和氨基酸等，它既是糖化剂，又是发酵剂。

用大曲酿出的白酒具有独特的曲香和醇厚的口味。我国许多优质酒品如茅台、泸州老窖、洋河大曲、双沟大曲等都是用大曲酿制而成的。

在制曲的过程中，根据控制曲胚的最高温度，大曲可分为三类：

(1) 高温曲。在制曲的过程中，最高温度在 60 ~ 65℃。高温曲主要用来生产茅香型大曲酒。

(2) 中温曲。在制曲的过程中，最高温度在 50 ~ 60℃。五粮液、泸州老窖等主要是用中温曲酿成。

(3)低温曲。在制曲的过程中,最高温度在40~50°C。如汾酒即用低温曲酿成。

2. 小曲

小曲是相对大曲而言的,其体积小于大曲块。小曲形状各异,有圆形、方形,还有饼形。小曲在制曲过程中加入了各种药材,因此又称为药曲。小曲的主要制曲原料是米、米糠和小麦等。

小曲的菌种是自然选育培养的,其原料处理和配用药材都为菌种的繁殖提供了有利条件,再经过曲母接种,就保证了其大量繁殖。小曲中的菌种有用于糖化的根霉、毛霉、黄曲霉、黑曲霉等,还有用于发酵的酵母菌。因此,在酿酒时,小曲兼有糖化和发酵双重作用。

小曲酿酒,用曲量少,在气温较高的地区用小曲酿酒最为合适,我国长江以南各省普遍采用小曲酿酒。

用小曲酿成的酒,香气清雅,口味醇甜。

小曲种类较多,主要用来酿造黄酒,但也可用来酿造白酒,如桂林三花酒、广东玉冰烧等都是用小曲酿成的。

3. 麸曲

麸曲是用麸皮制成的,故又称麸皮曲,由于生产周期短,又称为快曲。

麸曲是由人工培育的菌种(主要是曲霉)制成的糖化剂,酿酒时要加入酵母。由于麸曲菌种比较单纯,酿成的酒不及大曲酒香气浓郁,但选择正确可以提高出酒率。因此,一些酒厂采用多种菌制成麸曲,使酒的风味接近大曲酒。

用麸皮制曲可以节省粮食,成本低廉,不受季节限制。

知识点四:中国白酒的香型及名品

中国白酒生产工艺十分独特,酒品中所含成分复杂,香气成分丰富，在生产工艺的发展中逐步形成了几种典型的香型，自然地将中国白酒分成了几大类：酱香型、清香型、浓香型、米香型和兼香型。

1. 酱香型

酱香型白酒以贵州茅台酒为代表，因此酱香型又称为茅香型。酱香型白酒主要是由酱香、窖底香和醇甜香三类成分融合而成，成香成分很复杂，具有香而不艳、低而不淡、酒体完美、香气幽雅细腻、口味丰满协调、余香持久净爽、回味绵长等独特风格。

主要名品为：贵州茅台酒、遵义珍酒、四川郎酒、湖南常德武陵酒、江苏泰州梅兰春等。

2. 浓香型

浓香型白酒以四川的泸州老窖和五粮液为代表，因此浓香型又称为泸香型或窖香型。浓香型白酒主要是以老窖为发酵生香基地，老窖泥中的乙酸菌、丁酸菌等产生乙酸乙酯、丁酸乙酯等浓香型白酒的主体香成分。主体香与其他香体成分的平衡协调，可以勾兑出许多浓香型名酒。该类香型的酒酿造工艺变化不大，但酿酒的窖越老，窖内微生物越多，发酵效果就越佳，生产出的白酒也就越好。

浓香型白酒芳香浓郁，绵厚甘洌，入口甜，落口绵，收尾干净。其突出特点是饮时芳香浓郁，甘绵适口，口味悠长，饮后尤香，因而极易引起饮酒者的喜好。

浓香型名酒品种较多，主要有泸州老窖大曲、四川宜宾五粮液、江苏泗阳洋河大曲、安徽古井贡酒、四川绵竹剑兰春、江苏泗洪双沟大曲、四川成都全兴大曲、湖南德山大曲、安徽的口子酒、河南杜康酒、山东曲阜的孔府家酒等。

3. 清香型

清香型以山西杏花村汾酒为代表，故清香型又称汾香型。清香型酒用大麦、豌豆为原料制曲，采用清蒸清烧两遍，固体发酵工艺生产，酒气清香芬芳，醇厚绵软，甘润爽口，酒味纯净，代表了中国白酒的传统风格，该类酒品的主体香成分是乙酸乙酯和乳酸乙酯。

其主要品种有：山西汾阳汾酒、山西祁县六曲香酒、山西汾阳的特制北方烧酒、河南宝丰酒等。

4. 米香型

米香型白酒用一等大米为原料酿制而成，醇香清柔，纯净，入口绵甜，回味悠长。酒体香气组成是乳酸乙酯。主要采用小曲发酵，这种发酵方法是由传统“酒酿”酿造法发展而来的，生产过程中把小曲“根霉曲”粉末均匀地撒在蒸熟的大米中和匀，然后放入发酵池使根霉曲繁殖，同时糖化，使米变甜，小曲内的酵母菌在发酵过程中也随之繁殖，待酒精发酵完毕后蒸馏，从而生产出醇和绵甜的白酒。

米香型白酒主要出产于我国南方稻米盛产地，著名酒品有广西桂林的三花酒，广东五华县的长乐烧，广东石湾酒厂的玉冰烧，湖南浏阳河小曲、岳阳小曲，广东泉州湘山酒等。

5. 兼香型

兼香型又称复香型、混合型，是指兼有两种以上主体香的白酒。这一类香型的白酒在闻香、口香和回味香上各有不同的香气，具有一酒多香的风格。比较著名的兼香型白酒品种有贵州的董酒、陕西的西凤酒等。

发 酵 酒

模块 I

葡 萄 酒

知识点一：葡萄酒的类型

葡萄酒的风味，可以说达到了无限多样化的程度，根据制造方法、葡萄酒的颜色、甜度等可做出各种各样的分类。

1. 按制造方法分类

根据制造方法，葡萄酒可分为如下四大类：非发泡性葡萄酒、发泡性葡萄酒、酒精强化葡萄酒和混成葡萄酒。

(1)非发泡性葡萄酒(Still wine)

因不含在酿造过程中产生的碳酸气体，因此叫做“非发泡性葡萄酒”或“无发泡性葡萄酒”。非发泡性葡萄酒占世界葡萄酒生产量的90%以上。有红色、白色和玫瑰色的；有辣味、甜味的；还有低度和高度的等多种风味。是吃饭时饮用的餐桌葡萄酒。

◆ 红葡萄酒(Red wine)

在粉碎机里把收获的黑葡萄搅碎，去除果梗，使其发酵后，再用压榨机去除果皮、果肉及种子。

将刚刚发酵完的嫩葡萄酒，放入木桶或大罐里使其熟成。在木桶里的熟成时间根据木桶的大小及种类、葡萄酒的特点而不同，一般来说是2年以下。在熟成过程中几次酒脚分离(换桶)以后，进行澄清、过滤、装瓶使其继续在瓶内熟成。在瓶熟过程中，产生浓郁的醇香，品尝起来很有滋味。

最近，由于人们嗜好的变化，有更多的人开始喜欢低度红葡萄酒。为了制造出这种红葡萄酒，人们不把收获的葡萄粉碎而是直接放入大罐里密封数日保存，由于葡萄自身的重量，下部的葡萄自然发酵，在大罐里充满碳酸气体，在果皮变得容易破裂时就可自行压榨。这样一来，色泽鲜艳、酸涩味不强、香甜鲜美的葡萄酒就制成了。

这样的发酵方法被叫做马赛拉西奥·卡尔波尼克法(Maceration carbonique)，法国的波爵莱就是作为采用该法制造葡萄酒的产地而闻名。

◆ 白葡萄酒(White wine)

白葡萄酒是把收获的葡萄除梗、破碎，立即压榨出果汁并使其发酵而成。

发酵后，一般在大罐里熟成，从而形成新鲜且有果味的葡萄酒。在部分地区，白葡萄酒是在木桶里熟成的，其熟成时间比红葡萄酒短。

白葡萄酒与红葡萄酒不同，有从辣到甜的多种类型。如果是辣型酒，就要使发酵一直持续到糖分完全消失为止；如果是甜型酒，就要在中途停止发酵，保留甜味。停止发酵的方法有降低发酵温度或用离心机等除去酵母。

甜型葡萄酒的代表是用腐败葡萄酿制的陈腐葡萄酒。同法国圣特尔讷同一级别的有夏特、德国的特罗根贝林奥斯莱泽、匈牙利的托卡·艾斯·埃森西亚、日本的三得利等较为有名的葡萄酒。

◆ 玫瑰红葡萄酒(Rose wine)

法语叫做 Yin rose′,是以黑葡萄为原料,采用与红葡萄酒同样的发酵方法,在葡萄酒变成粉红色时采用压榨方法将果皮、果肉和果籽去除,再将其重新放入大罐中采用和白葡萄酒同样的发酵方法发酵。这是制造玫瑰色葡萄酒的标准方法。但是,也有将白葡萄酒和红葡萄酒混合制造的,有名的是德国的席勒拜恩(Schillerwein)。

玫瑰色葡萄酒的颜色,有从接近于白色到接近于红色的各种颜色。一般制成介乎于辣型和稍带甜味的过渡型。在出厂后应尽早饮用。

(2)发泡性葡萄酒(Sparking wine)

因发酵时产生的碳酸气体的一部分溶于葡萄酒中,所以叫"发泡性葡萄酒"。制造方法有瓶内二次发酵、罐内二次发酵以及吹入高压碳酸气体等几种方法。气体压力基本保持在 3.5 个大气压以上,是一种有高贵气氛的葡萄酒。

在发泡性葡萄酒中,最有名的要算在瓶内二次发酵的法国香槟酒(Champagne)。同这种香槟酒一样在瓶内二次发酵的酒,在世界各地都要标示出"香槟酒制法"的字样(Methode champagne)。法国其他地方生产的酒则被称为"克雷曼(Crémant)"或"传统的方法(Traditional)"。

西班牙也是发泡性葡萄酒的著名生产国,与香槟同样在瓶内二次发酵的酒被称为"卡瓦(CAVA)"。

除此以外,在 3.5 个大气压以上制成的普通发泡性葡萄酒,在法国被称为拜恩莫斯(Vin mousseux),在德国被称为夏姆拜茵(Schaumwein),在意大利被称为斯普马蒂(vinospumante)。

用 1～2.5 个大气压制成的酒,被称为半发泡性葡萄酒。在法国叫培蒂安(Pétillant),在德国叫帕鲁拜茵(Perlwein),在意大利叫弗利赞蒂(Frizzante)。

(3)酒精强化葡萄酒(Fortifed wine)

酒精强化葡萄酒,又叫乙醇强化葡萄酒,制造方法大致分成两种:

一种是使葡萄果汁发酵,在留有糖分的时候加入乙醇,中止发酵,从而保留糖分甜味的方法。这种类型的代表是葡萄牙的波特(Port),法国的天然甜味葡萄酒拜恩·德·纳切莱尔(Vin doux naturel 略称 V. D. N)。

另一种方法是,在其完全发酵产生辣型葡萄酒之后,按照目的加入适量乙醇,以提高酒的保存期,这种酒以西班牙的雪利(Sherry)最为有名。

意大利的马尔萨拉(Marsala),葡萄牙的马迪拉(Madeira)也是酒精强化葡萄酒的著名产地。

(4)混成葡萄酒(Flavored wine)

是在非发泡性葡萄酒里加入药草、香草和果汁等,制成一种具有独特风味的葡萄酒。

如果从所加香味上划分,可分为香草类和果实类,其代表分别是意大利的苦艾酒(Vermouth,即味美思)和西班牙的圣古丽雅(Sangria)。

2. 按葡萄酒的颜色分类

(1)葡萄酒(Red table wine),亦称为红餐酒或红酒。

(2)桃红葡萄酒(Rose wine),亦称为玫瑰红葡萄酒。

(3)葡萄酒(White table wine),亦称为白餐酒或白酒。

3. 按葡萄酒的含糖量分类

(1)干葡萄酒。酒中含糖量在 4 克/升以下,一般尝不出甜味(英:Dry,法:Sec)。

(2)半干葡萄酒。酒中含糖量为4克~12克/升,品尝时能辨别出微弱的甜味(英:Semi Dry 或 Medium Dry,法:Demi Sec)。

(3)半甜葡萄酒。酒中含糖量为12克~50克/升,有明显的甜味(英:Semi Sweet 或 Medium Sweet,法:Demi Doux)。

(4)甜葡萄酒。酒中含糖量在50克/升以上,由于含有较多的糖分,使酒有特别浓厚的甜味(英:Sweet,法:Doux)。

知识点二:世界上葡萄酒的主产地

世界葡萄产区大多分布在南北回归线附近,凡种植葡萄的地区一般都生产葡萄酒。世界上有近70个国家生产葡萄酒,产量超过50万吨的有12个国家,产量超过100万吨的有7个国家,法国、意大利、西班牙、美国4个国家的葡萄酒产量占世界总产量的58.2%。

法国主要有两大产酒区,波尔多(Bordeaux)和勃艮第(Burgundy)。这两个地区生产的葡萄酒都非常著名,其中有许多珍品,尤其是红葡萄酒誉满全球,波尔多和勃艮第也就成为名贵红葡萄酒的代名词。

波尔多位于法国西南部,是世界上最大的美酒产区,占地10万公顷,从北到南105公里,从东到西130公里,约有8000个酒庄,95%以上生产A.O.C等级的葡萄酒,年产量约6亿瓶,生产的品种有红葡萄酒、不甜和甜的白葡萄酒、玫瑰红葡萄酒和葡萄汽酒。在波尔多所产的葡萄酒中,红葡萄酒约占75%,白葡萄酒约占25%。

勃艮第位于法国东部,占地从北到南为250公里。这里拥有五个法国出色的葡萄酒产区:夏布丽区(Chablis)、夜丘(Cote de Nuits)、金匠区(Cote d'or)、伯恩(Cote de Beaune)、夏隆内丘区(Cote Chalonnaise)。勃艮第的红酒口感柔和滑顺,蕴涵着绵延不绝的香气及味道。

意大利是个大葡萄园,整个国家都生产葡萄酒,其年产量和消费量都大于法国,是世界上最大的葡萄酒生产国和出口国,其红葡萄酒较著名。德国也是葡萄酒的主要生产国,产酒区主要分布在摩泽尔河(Mosel)与莱茵河(Rhein)两河流域,其白葡萄酒最为著名。

知识点三:葡萄酒的著名品牌

1. 国产葡萄酒的品牌

目前在全国十大葡萄酒企业中有9家是国内企业,控制着超过80%的市场份额,而其中绝大部分市场又被长城、张裕、王朝三大品牌瓜分。

2. 外国葡萄酒的著名品牌

- Bordeaux Sauvignon Blanc(法国,长相思)
- Bordeaux Merlot(法国,梅鹿特)
- Chablis(法国,夏布丽)
- Cinzano(意大利,仙山露)
- Rhein(德国,莱茵)
- Johnnisberg Riesling(美国,雷司令)
- Port(葡萄牙,波特)
- Fino(西班牙,菲奴)

知识点四:外国葡萄酒是怎样命名的

1. 以庄园装瓶命名(Estate or Chateau—Bottled Labling)

庄园指葡萄园或大别墅。该类酒名的命名标准是以该酒的葡萄种植、采收、酿造、装瓶都必须在同一庄园进行,因而就以该庄园的名称作为葡萄酒的名称,同时也是保证质量的标志。这类命名方法多见于法国波尔多地区出产的红、白葡萄酒,如 Chateau Margau(莫高庄园)、Chateau Latour(拉特尔庄园)、Chateau de Yquem(艺甘姆庄园)等。

2. 以地区命名(Regional Labling)

以该地区名称命名葡萄酒,其原料必须全部或绝大部分来自该地区。如 Chablis(夏布丽)、Medoc(莫多克)等。

3. 以葡萄品种命名(Varietal Labling)

这类酒是用制作葡萄酒原料的优秀葡萄品种的名称命名的,如 Riesling(雷司令)、Chardonnay(霞多丽)、Sauvignon(赤霞珠)等。

4. 同类型命名(Genetic Labling)

借用名牌葡萄酒的名称命名。这类酒一般都不是名酒产地的产品,但属于同一类型,因此酒名前必须注明该酒的真实产地。如美国出产的勃艮第(Burgundy)、夏布丽(Chablis)葡萄酒,都是使用了法国名酒产品的名称。

知识点五:葡萄酒的标签上有什么内容

1. 酒标

标志制造商生产或经营的产品,多使用风景名胜、人名、地名或花卉等图案标示在酒标的重要部位。

2. 酒度及容量

在酒标的左下角或右下角标出。

3. 含糖量

含糖量的表示法如下表所示：

葡萄酒含糖量的表示法

中文	英文	法文	每升含糖量
天然(未加工的)	Nature	Brut	4克以下
绝干	Extra - dry	Extra - sec	4克以下
干	Dry	Sec	8克以下
半干	Semi - dry	Demi - sec	8～12克
半甜	Semi - sweet	Demi - doux	12～50克
甜	Sweet	Doux	50克以上

4. 酿酒年份

天气、土壤、温度等自然条件会影响葡萄质量，进而影响到葡萄酒质量。标明酿酒的年份，可显示葡萄酒的质量。例如，Good Year 表示这一年的土壤、气候、温度等自然条件对葡萄的生长极其有利，葡萄质量很好，因而葡萄酒的质量也极佳。

在法国，原产地监制法(A. O. C 法)规定，经过严格审查的葡萄酒才能冠以原产地的名称，称为原产地名称监制葡萄酒，亦称 A. O. C 葡萄酒。A. O. C 葡萄酒必须符合一系列严格限定的条件，例如应以本地的葡萄为原料，某一地区每一公顷土地生产多少葡萄，修剪、施肥等必须符合特定的葡萄栽培方法……甚至对葡萄酒的储藏和陈酿条件都有严格限制。使得 A. O. C 葡萄酒成为法国最优秀的上等葡萄酒。

知识点六：葡萄酒的使用与管理

1. 如何选用葡萄酒

酒吧不同于餐馆，没必要把为数众多的各种葡萄酒都准备齐全。与其拘泥于产地和知名度去选择葡萄酒，倒不如去选择迎合客人口味的葡萄酒。

一般来说，由于独特的个性而赢得较高评价的那种类型的葡萄酒，都要经过长期熟成，其饮用期限亦很难判断，如果掌握不好，就很难说会有好的口感。所以，酒吧选择葡萄酒，要以个性不很强的红葡萄酒和微甜或微辣的白葡萄酒为主，能让顾客轻松、愉快地品尝葡萄酒的美味。

2. 何时品饮葡萄酒

葡萄酒有各种各样的类型，类型不同其饮用期限不同。例如，新酒奴波等，为了保证果实的原汁原味就得抑制鞣酸的涩味，所以必须尽可能在早期提供给顾客；相反，像波尔多的梅多克级别的夏特葡萄酒，要求有较浓的鞣酸涩味，不经过某种程度的长期熟成，原来的风味就不能发挥；还有，大多数白葡萄酒就是要品味其新鲜果实的香味，所以不宜久放，最好是尽早饮用。

3. 如何保存葡萄酒

进入市场的大部分葡萄酒，即使没有经过长期的储藏、熟成，也能让人充分品味到它的味道。不过，例外的是，当廉价购买了刚刚出厂的具有某些个性的葡萄酒时，就有必要在满足如下条件的场所里保存：

(1)温度变化不大的场所(10～15℃的范围)。

(2)湿度约为65%～75%左右(防止软木塞干燥和标签发霉)。

（3）在避光、无振动、无异味的地方横放保管。

由于库存量很少，保存条件有限，只要在不超过28℃的环境中保存，就不会遭受大的损失。当然，放进葡萄酒专用的冰柜里是最佳的保存方式。

4. 葡萄酒的最佳饮用温度

为了在饮用葡萄酒时能带来最佳感受，饮用温度非常重要。清凉刺激虽然会带来愉悦，但如果过冷，香气和滋味就不能充分散发。

同白葡萄酒相比，为了能让顾客品味红葡萄酒（特别是经过熟成的）的复杂、微妙的芳香，温度最好在16~18℃左右。

白葡萄酒、玫瑰色葡萄酒等，由于是以甜味和酸味的平衡为主体的，所以最好冷却到8~10℃左右饮用，这样喝起来更美味爽口。

甜葡萄酒和含有碳酸气体的发泡性葡萄酒，在7~8℃左右饮用是最合适的。

5. 如何拔塞

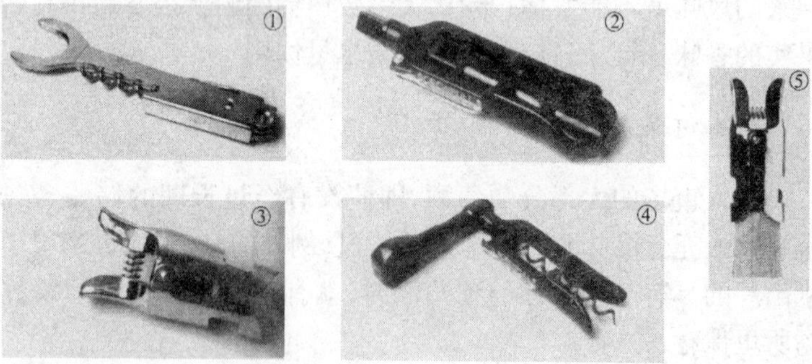

开塞用具

葡萄酒的瓶塞一般是用软木制成的,要想打开瓶塞就得选用图示中的各种各样的开塞钻。使用哪一种,取决于使用者的喜好。

6. 如何选用葡萄酒杯

为了欣赏葡萄酒的色调,要选用无色透明的酒杯,形状最好是郁金香形,因为这种形状具有充分保留葡萄酒香味的空间。玻璃杯的质地要薄而细腻,触到嘴唇时就会心旷神怡。一般来说,红葡萄酒使用稍大的玻璃杯,而白葡萄酒使用稍小的玻璃杯。

白葡萄酒杯

红葡萄酒杯

7. 如何去除葡萄酒沉淀

在经过长期熟成的葡萄酒中会产生沉淀物。将这些沉淀物从瓶中取出就叫去除沉淀。去除的方法是把瓶子放进酒笼(酒瓶横置可以取出的笼子),使出现沉淀的一面向下,在启瓶塞时不要使沉淀物飘浮起来,在沉淀物不进入的情况下把葡萄酒移到接酒器。鲜嫩的红葡萄酒,一般不出现沉淀,但为了使其接触空气而放出酒香，有时也需进行换瓶。

知识点七：品味葡萄酒

品味葡萄酒需要通过眼睛来看酒的颜色，用鼻子来嗅酒的香气，用嘴来尝酒的味道。

1. 观颜色

颜色好比葡萄酒的脸，通过酒的颜色来判断其年份、特点等。通常情况下，葡萄酒的颜色必须纯正具有光泽（澄清、光亮）。

首先，用食指和拇指握着酒杯的柄脚部，将酒杯置于腰高处，低头垂直观察酒的液面，看其液面是否有失光感或有其他现象。

其次，将酒杯举至双眼高度，观察酒体，包括颜色、透明度和是否有悬浮物及沉淀物。白酒有淡黄绿色、稻草黄色、金黄色、金色、暗金色和棕色，红酒有紫色、红宝石色、药砖红色、红棕色和棕色。

最后，将酒杯倾斜或摇动，使酒均匀地分布在酒杯之内壁上，静止后，观察内壁上形成的无色酒柱，即挂杯现象。对起泡葡萄酒要注意观察气泡的大小、数量、持久性及细腻程度。

2. 嗅香气

葡萄酒的香气极为复杂，简单地分为果香和酒香两类。果香包括第一果香，主要与原料品种、芳香总体有关，第二果香是酵母在将糖转化为酒精而生成葡萄酒时，产生出很多香味物质，称为发酵香或酵母香。

第一次闻香。先在酒杯中倒入 1/3 容积的葡萄酒。将酒杯端起不能摇动，稍稍弯腰将鼻孔接近于酒面闻香，在静止状态下分析葡萄酒的香气。第一次所闻到的气味很淡，只能闻到扩散性强的那部分香气。

第二次闻香。摇动酒杯，使葡萄酒呈圆周运动，促使挥发性强的物质释放。先在摇动过程中看，后在摇动结束后闻。摇动使杯内壁湿润，并使上部充满了挥发性物质，使其香气浓郁幽雅。

第三次闻香。主要用于鉴别香气中的缺陷。

3. 尝滋味

对葡萄酒滋味感受最全面是舌。舌尖对甜最敏感，舌两侧对苦最敏感，舌根对酸最敏感，接近舌尖的两后侧对咸最为敏感。

葡萄酒中甜、酸、苦、咸四味皆有，但主要是甜味和酸味。先将酒杯举起，杯口放在嘴唇之间，并压住下唇，头部稍往后仰，就像平时喝酒一样，轻轻地向口中吸，并控制好吸入的酒量，使葡萄酒均匀地分布在平展的舌头表面，然后将葡萄酒收拢在口腔前部，每次吸入的酒应在6~10毫升之间，不能多，也不能少。

当葡萄酒进入口腔内，闭上嘴，头微向前倾，通过舌头和面部肌肉的运动摇动葡萄酒。也可将口微张，轻轻地向内吸气，使葡萄酒的气味进入鼻腔后部。葡萄酒在口腔内流动10秒左右，咽下少量葡萄酒，然后用舌头舔牙齿和口腔表面以鉴别尾味。

4. 品评

根据外观、香气、滋味的特点做出结论，发表感想。

知识点八：如何鉴别葡萄酒

以法国葡萄酒为例。

1. 看

审视酒瓶包装，看酒瓶背面标签上的国际条形码是否以3字打头（法国国际号码是3）。打开酒瓶，看木头酒塞上的文字是否与酒瓶标签上的文字一致（酒瓶与酒塞都是专用的）。

2. 斟

将酒斟入专用的葡萄酒杯中，以不足1/3为宜。

3. 摇

举杯平视，轻摇酒杯，使酒在杯中慢慢旋转，即可观察酒体的颜色和透明度，颜色浑浊的说明酒质变坏。瓶底的少许沉淀是正常的结晶体。

4. 闻

继续摇晃酒杯，使香气挥发，细心感受香气的类型和细微差别间的香味特征；如果葡萄酒有指甲油般呛人的气味，说明其变质了。

5. 品

饮少量酒入口，第一口酒液经过喉头时，感觉应是平顺的，问题酒则有刺激感；直接体会葡萄酒的复杂味道和香气，不仅会令人身轻气爽，而且能迅速判断酒质的优劣，最大限度体会到葡萄酒的奥秘。如果残留在口中的气味有化学气味或臭气味，则属不正常。

知识点九：葡萄酒与菜的搭配

法国人把一桌没有葡萄酒的饭菜比作“没有阳光的春天”。五光十色、芬芳醉人的葡萄酒与美味佳肴的和谐配置，可使人置身于艺术的享受和酒文化的熏陶中，留下难忘的印象。

酒与菜的配置是一种传统文化艺术，使葡萄酒的特点、个性与所搭配的菜肴的香味一致，就可以充分体现出葡萄酒的精美绝伦来。

酒与菜的搭配原则，通常是风味对等、对称、和谐，即红酒配红肉、白酒配白肉，而淡红色的酒、香槟酒及汽酒则可以配任何食物。

具体说，色香味淡雅的酒品应与色调冷、香气雅、口味纯的菜点相配，如干白葡萄酒配海鲜。色香味浓的酒应与色调热、香气馥、口味杂的菜相配，如红葡萄酒配牛肉，颜色口味适宜，饮后爽口解油腻；咸辣食品宜选用强香型酒类。

目前，世界众多国家中广泛流行的法国西菜的一般搭配方法具有一定的代表性，现按进餐顺序说明如下：

1. 餐前小吃。选用开胃酒及具有开胃功能的酒品，如味美思、苦味酒、餐前鸡尾酒和雪利酒。

2. 汤类。一般不配酒，特别情况下可用一些较深色的雪利酒和玛德拉酒。

3. 冷盘。选用低度干白葡萄酒，如德国摩塞尔白葡萄酒、法国勃艮第、阿尔萨斯白葡萄酒。

4. 头菜。选用干白葡萄酒，淡红葡萄酒或低度干红葡萄酒。

5. 主菜

鱼蟹海鲜。选用高酒度(12 ~ 14 度)干白葡萄酒，如德国莱茵白葡萄酒，法国勃艮第白葡萄酒，波尔多白葡萄酒等。

肉禽野味。选用高酒度(12 ~ 16 度)干红葡萄酒，肉类(鸡肉、小牛肉、猪肉)最好选用 11 ~ 13 度的干红葡萄酒，如法国的布娇莱、马孔、波尔多红酒，意大利的干蒂红酒；红肉类(牛羊肉、火鸡肉)选用 13 度以上的干红葡萄酒，如意大利的红葡萄烈酒等。

6. 干酪。可选用除甜型葡萄酒以外的任何一种葡萄酒，也可以继续延用主菜的酒品。

7. 甜食。选用甜葡萄酒或葡萄汽酒，如法国香槟及德国莱茵葡萄酒等。

8. 餐后酒。可选用甜食酒、鸡尾酒及部分蒸馏酒和利口酒等，如雪利酒、白兰地、波尔图酒等。

知识点十:葡萄酒服务要点

1. 环境

(1)氛围。无论是阳光还是灯光,光线都不可太强,无嘈杂喧闹声(包括强劲的声响、音乐),空气清新,墙壁为浅色。

(2)台布。为了使葡萄酒的颜色显现出来,以白色、粉红色台布为宜。

2. 酒温

(1)利口酒、香槟酒及有气泡的酒在6~9℃。

(2)干型、半干型白葡萄酒在8~10℃。

(3)桃红酒和轻型红酒在10~14℃。

(4)红葡萄酒在15~18℃。

(5)新鲜红葡萄酒在12~14℃。

(6)陈年红葡萄酒在15~18℃。

3. 酒杯

(1)葡萄酒杯杯身应该薄,无色透明,以使酒的本色能够显现出来。避免使用有色或有装饰花纹的杯子。

(2)葡萄酒酒杯杯口略收,晃动酒液时不会溅出来且香味可以集中到杯口,以便充分鉴赏酒香、果香。

(3)葡萄酒杯容量应足够大,一般八杯酒的量为一瓶酒。不论是产于何地的葡萄酒,白葡萄酒杯和红葡萄酒杯的容量不同。典型的红葡萄酒杯可以装10盎司~12盎司的酒,而白葡萄酒杯则是6盎司~8盎司。

白葡萄酒杯稍小些,是因为白葡萄酒饮用时温度要低,一旦从冷藏的酒瓶中倒入酒杯，其温度会迅速上升。为了保持低温，每次倒入杯中的酒要少，以便客人在温度升高之前把酒喝完。

(4)葡萄酒杯要有4~5厘米长的杯柄，以免手持杯身影响酒温和观察酒色。最好每一种酒使用一个杯子(由小到大依次从左到右摆放，水杯应放在最左方)，以免因使用同一个杯子而造成“前酒”的余味干扰后面的酒味。

(5)大部分葡萄酒都可以用郁金香形的杯子饮用。这种杯子可以更好地欣赏到不断升起的美丽的汽珠。考究的香槟酒杯有着特殊的构造：杯柄中空如管，直通杯身。这样，当酒倒入杯中时，汽珠如泉涌自杯柄向上不断升腾，十分悦目。杯柄中空，加之杯身又较长，汽珠上升的距离便比一般酒杯要长得多，更便于欣赏。

4. 呼吸

为了让饮用时葡萄酒的香味更香醇，一般应预先开瓶让酒透透气，呼吸一会儿，目的在于让酒稍微氧化，去除不好闻的还原气味，同时让酒的味道变得柔顺些。特别是未到成熟期的红葡萄酒，开瓶透气可避免饮用时单宁收敛性太强。

至于提早多久开瓶才适当，则要依酒的种类和个人口味偏好而定：

(1)以新鲜的果香为主的酒，清淡普通的红酒、白酒、新酒，以及玫瑰红酒等都无须事先开瓶，现闻现饮即可；

(2)若为新酒，呼吸的时间通常在半个小时至一个小时之间；

(3)红酒会因呼吸而变得圆润柔顺，呼吸的时间更长些，但一般不应超过3个小时；

(4)多年的陈酒，最好在使用时才开瓶，避免提前开瓶令香气散逸；

(5)一般陈酒只须呼吸半小时。

5. 斟酒

(1)某些要保持较低温度的酒,须用餐巾裹着酒瓶倒酒,以免手温使酒升温。

(2)为保有酒香,酒瓶口与酒杯的距离不能太大,所有的红葡萄酒在斟倒时,瓶口几乎挨着杯子。

(3)一般斟倒1/2杯,最多以杯容量的2/3为度,过满则难以举杯,更无法观色闻香,而且也是为了给聚集在杯口的酒香留有一定的空间。

(4)为特别高级的宴会服务时,若客人想要一杯多年陈酿的红葡萄酒,服务员应左手持瓶,缓缓倒入杯中,不可让客人拿着杯或向旁边有碗碟的杯中倒酒。

6. 上酒

若有多种葡萄酒,上酒的先后顺序有几条国际通用规则:

(1)先上酒质较轻的葡萄酒,后上酒质较重的葡萄酒。

(2)先上干葡萄酒,后上甜葡萄酒。

(3)先上新酒,后上陈酒。

(4)先上白葡萄酒,后上红葡萄酒。

(5)先上清淡的葡萄酒,后上醇厚的葡萄酒。

7. 与食物的搭配

(1)客人点红葡萄酒,推介色深味浓难消化的烤肉类或铁扒类菜肴。

(2)客人点白葡萄酒,推介色浅味淡的鱼贝类或禽类菜肴。

(3)客人点桃红葡萄酒和葡萄汽酒,可推介各种菜肴。

(4)客人点葡萄酒,不推介加了醋的菜肴。

(5)客人点地方菜肴,最好推介同一地区的葡萄酒。

(6)用葡萄酒烹制的调味汁的菜肴,配同一种葡萄酒。

8. 其他

(1)名贵的红葡萄酒应用酒篮盛装后再为客人服务。

(2)有些远年陈酒有较多沉淀物,需滗酒。
(3)若客人点的是进口葡萄酒,尤其要按示酒规范操作。

模块2

啤　酒

知识点一:认识啤酒

啤酒是一种营养丰富的低酒精度的饮料酒,享有液体面包、液体维生素和液体蛋糕的美称。啤酒具有较高的热量,1 升啤酒的热量可达 425 千卡,相当于 5 个鸡蛋或 200 克牛奶产生的热量,啤酒含有多种维生素,尤以 B 族维生素最突出;另外,啤酒中还含有蛋白质、17 种氨基酸和矿物质。1972 年 7 月,墨西哥召开的第九次世界营养食品会议上,啤酒被推荐为营养食品。

啤酒的酒精含量是按重量计算的,通常为 2% ~5% 。啤酒的酒精含量越高,酒质越好。啤酒瓶上的度数标志是指麦芽汁的含糖浓度。10 度啤酒是每公升麦芽汁含糖 100 克。

啤酒到底多少度

某酒吧来了四位客人,实习生小刘立即上前招呼客人就座。一位点了一瓶啤酒,另一位女客人说她不能喝酒,接着问小刘,这里的啤酒多少度的。

小刘没想到客人会提这样的问题,她只知道啤酒的度数不高,但准确的酒度她也不知道。她灵机一动回答说："我给您拿一瓶看看好吗?"客人同意后,小刘从吧台取来一瓶啤酒,边走边看商标,只见上面标着11的字样,便来到客人跟前告诉了客人。女客人一听连连摇头："太高了,我不要了,下午还有事。"

"哪有那么高的?给我看看。"男客人边说边接过啤酒。客人看了看,然后对小刘说："上面的11不是酒精度,而是麦芽汁的浓度。"又指着下面一个小字告诉小刘："这才是啤酒的酒度,是3.5。"小刘站在一旁感到非常尴尬。

知识点二:啤酒的分类

啤酒,是一个总的称呼,其实,啤酒可以分为若干种类型、成百上千个品种,不同的行业,不同的地区,常有不同的分类方法:

1. 按颜色分类

◆ 淡色啤酒:俗称黄啤酒,根据深浅不同,又分为三类:

(1)淡黄色啤酒:酒液呈淡黄色,香气突出,口味优雅,清凉透明。

(2)金黄色啤酒:呈金黄色,口味清爽,香气突出。

(3)棕黄色啤酒:酒液大多是褐黄、草黄色,口味稍苦,略带焦香。

◆ 浓色啤酒:呈棕红或红褐色,原料为特殊麦芽,口味醇厚,苦味较小。

◆ 黑色啤酒:酒液呈深红色,大多数红里透黑,故称黑啤酒。

2. 按麦芽汁浓度分类

(1)低浓度啤酒。原麦芽汁浓度7~8度,酒精含量2%左右。

(2)中浓度啤酒。原麦芽汁浓度11~12度,酒精含量3.1%~3.8%,是中国各大型啤酒厂的主要产品。

(3)高浓度啤酒。原麦芽汁浓度14~20度,酒精含量4.9%~5.6%左右,属于高级啤酒。

3. 按是否经过杀菌处理分类

(1)鲜啤酒。又称生啤,是指在生产中未经杀菌的啤酒,但也属于可以应用的卫生标准之内的。此酒口味鲜美,有较高的营养价值,但酒龄短,适于当地销售。

(2)熟啤酒。经过杀菌的啤酒,可防止酵母继续发酵和受微生物的影响,酒龄长,稳定性强,适于远销,但口味稍差,酒液颜色变深。

知识点三:啤酒的特征与储存

1. 啤酒的特征

(1)泡沫。富含泡沫是啤酒的主要特征之一。把啤酒徐徐倒入玻璃杯内,泡沫立即冒起,洁白细腻而且均匀,持久挂杯能保持时间在4~5分钟以上者为佳品,如果泡沫粗大且微黄、消失快,不挂杯者为劣品。

(2)颜色。现在国内生产的多为淡色啤酒,应是清澈透明,且呈悦目的金黄色。对浓色啤酒而言,酒液越深越好。如酒色黄浊,透明度差,黏性大,甚至有悬浮物,则为劣质啤酒。

(3)香气。啤酒要有浓郁的酒花幽香和麦芽清香。淡色啤酒突出酒花香,浓色啤酒突出麦芽香。

(4)口味。入口感觉酒味纯正清爽,苦味柔和,口味醇厚,有愉快的芳香,杀口力强(指酒中二氧化碳刺激感官产生的特殊的麻辣感)的为好酒,如有老熟味、酵母味或涩味者均属劣品。

2. 啤酒的储存

储存时间短,酒的温度适宜,好酒才能喝出好味来。

啤酒原料中的大麦皮壳和酒花都是活性很强的多酚物质，啤酒若储存时间过长，极易与蛋白质化合，也易氧化聚合，从而很快产生花青色素而变得浑浊。

(1)啤酒的储存期限

瓶装鲜啤酒。瓶装鲜啤酒由于未经巴氏杀菌，在温度适宜的情况下，残留的少量酵母仍会继续发酵，故这种啤酒保存期短，最多不超过7天。

瓶装熟啤酒。瓶装熟啤酒保存期较长，但最多不能超过5~6个月。存放时间过久，虽然啤酒不坏，但质量会下降，口味已欠佳了。

(2)啤酒的储存地方

据科学测定，当啤酒中含有微量氧气时，放在阳光下照射3小时，维生素 B_2 会促使啤酒中的硫化物质变成奇臭的硫化氢，产生一种令人不快的“日光臭”。严重破坏啤酒中的营养素。因此，啤酒应装在透光率较低的棕色瓶子中并置于暗处保存。

(3)啤酒的储存温度

储存啤酒的适宜温度，夏季为5~8℃，冬季为9~12℃。如果长时间处于0℃以下，不但影响起泡，而且酒中的蛋白质可与鞣质结合，出现不可逆性褐色“冷浑浊”。出现冷浑浊时间不长的，可用50℃的温水浸泡12分钟，浑浊即可消失。当然，啤酒也不宜储存在温度过高的地方，因为高温同样会破坏啤酒中的营养素。

知识点四：世界著名啤酒品牌

1. 国产著名啤酒品牌

中国著名的啤酒品牌有青岛啤酒、哈尔滨啤酒、燕京啤酒等品牌。

2. 国外著名啤酒品牌

● 德国

Lowenbrau　卢云堡,又译绿之宝、绿云宝、乐温布劳

Beck's Bier　贝克

Dab Bier　戴博

Holsten Bier　好斯顿

Munich　慕尼黑

Dortmund　多特蒙德

● 法国

Kronenbourg　克罗能堡

● 爱尔兰

Guinness　吉尼斯黑啤酒

● 荷兰

Heineken　喜力

Amstel　阿姆斯特

● 丹麦

Carlsberg　嘉士伯(又译卡尔斯堡)

● 美国

Budweiser　百威

Miller　美乐

Olympia　奥林匹亚

Coors　库斯

Blue Ribbon　蓝带

● 加拿大

Molson Canadian　莫尔森

Moose head　驼鹿头

● 澳大利亚

Foster　福斯特

Cooper　库伯

● 日本

Sapporo　札幌

Asahi　朝日

Kirin　麒麟

Suntory　三得利

● 捷克

Pilsen　皮尔森

● 菲律宾

San Miguel　生力

知识点五：如何正确饮用啤酒

1. 饮用温度要适宜

啤酒的最佳饮用温度在12℃左右，此时的啤酒既细腻又持久，香气浓郁，口感舒适，泡沫最丰富。也有人喜欢饮用7～10℃的啤酒，黑啤酒的饮用温度则更低些。

啤酒的温度会直接影响啤酒的泡沫和口味。酒温高了，则啤酒泡沫多，但很快就消失了，啤酒中的二氧化碳不足，缺乏杀口感，显得平淡不爽口；酒温低了，则啤酒泡沫少，苦味突出，香味降低。所以不适当的酒温会使啤酒的风味大为逊色。

2. 饮用方式要得法

要领略啤酒的风味，感觉到啤酒的杀口力，不能呷一口歇半天，用啤酒行业术语说，喝啤酒应该“鲸吞”，就是大口大口地饮。这样，啤酒在口腔中停留的时间短，不至升温，风味和口感都不会有多大变化。

3. 饮用啤酒要适量

成人每次饮用量不宜超过300毫升(不足一个易拉罐量),一天不超过500毫升(一啤酒瓶量),每次饮用100~200毫升更为适宜。

4. 与食物合理搭配

啤酒不宜与腌熏食品搭配。喝啤酒时,宜食水果及清淡菜肴,花生米是最好的啤酒下酒菜。

知识点六:啤酒服务要点

1. 由于啤酒的最佳饮用温度在10℃左右,故一般应将酒置于冰箱内冻至酒瓶表面有一层薄霜时才取出来服务给客人。

2. 如果使用的是一般的玻璃杯,则啤酒可不斟满,以一口能饮完为宜。

3. 啤酒杯容量要适宜。一般可用各种形状的水杯以及带耳厚壁的大玻璃杯、高脚杯、郁金香形的高脚酒杯等。

4. 盛啤酒的容器、杯具不能与其他餐具一起洗,因为油脂会销蚀啤酒的泡沫。有人主张让酒杯自然晾干,不用抹布擦拭,以免残留的油脂和洗涤剂成分影响泡沫的产生。但是,若不用抹布擦干酒杯,自然晾干的酒杯会留有水迹,这显然也是不妥的。啤酒杯要热洗冷刷,最好是用专用的抹布擦干酒杯。不要用手指触及杯沿及杯内壁。

5. 斟啤酒的方法要得当

(1)斟酒时,酒瓶与酒杯成直角,酒斟向杯正中为止。直斟到泡沫上升到杯口。

(2)稍候片刻,待泡沫消退一些后,再次向杯子正中斟酒,直至泡沫呈冠状,高出杯口。

(3)斟完啤酒后,酒液应占1/3或1/2,泡沫占1/3或1/2,泡沫高耸却滴酒不溢。

(4)不要在有喝剩啤酒的杯内倒入新开瓶的啤酒,这样会破坏新啤酒的味道。最好的办法是喝干之后再倒。

(5)泡沫丰富是啤酒质量优质的标志之一。在欧美有些国家,若啤酒没有泡沫,客人可以拒绝付钱。若服务的客人有不喜欢太多泡沫的,或希望倒满酒杯的,可以让酒沿着杯边徐徐倒入,以减少泡沫。若有客人喜欢将啤酒和汽水混合在一起饮用的,则先斟汽水,再斟啤酒,这样可以避免汽水冲击啤酒产生更多泡沫。

(6)注意啤酒的保质期。瓶装、听装熟啤酒的保质期为120天(优、一级)或60天(二级),瓶装鲜啤酒为7天,罐装、桶装鲜啤酒为3天。切忌出售过期啤酒。

模块3

中国黄酒

知识点一：认识黄酒

黄酒是世界三大古酒之一，源于中国，是中国独有的饮料酒。

在最新的国家标准中，对黄酒的定义是：以稻米、黍米、黑米、玉米、小麦等为原料，经过蒸料，拌以麦曲、米曲或酒药，进行糖化和发酵酿制而成的各类黄酒。因多数品种色泽黄亮，故俗称“黄酒”。

酿造黄酒采用边糖化边发酵的方法，因此其酒精含量不高，多为14%～20%，最高可达22%。

我国粮食资源丰富，酿造工艺各不相同，形成了黄酒品种繁多、风格各异的特点。如麦曲稻米酒是黄酒中历史最悠久、最有代表性的一个系列，以绍兴酒为其代表；山东即墨老酒是北方黍米黄酒的典型代表；福建龙岩沉缸酒及福建老酒则是红曲稻米黄酒的典型代表。

不同产地、不同品牌的黄酒，其色香味也各不相同。如绍兴元红酒属干型黄酒，绍兴加饭酒属半干型黄酒，绍兴善酿酒属半甜型黄酒，杭州西湖佳酿属甜型黄酒，九江封缸酒属浓甜型黄酒等。黄酒的色彩多为白浊色、琥珀浅绿色、红黄色、黑色等。

黄酒的营养丰富，含有21种氨基酸，其中有4种未知氨基酸。人体自身不能合成必须依靠食物摄取的8种必需氨基酸，在黄酒中都能找到。黄酒所含氨基酸量达5647毫克/升，是啤酒的5～10倍，葡萄酒的1.3倍。1972年7月1日，在墨西哥召开的世界第九次营养食品会议上，黄酒被誉称为“液体蛋糕”。

知识点二：黄酒的分类

1. 按黄酒的含糖量分类

(1) 干黄酒

“干”表示酒中的含糖量少，糖分都发酵变成了酒精，故酒中的糖分含量最低。最新的国家标准中，干黄酒的含糖量小于1.00克/100毫升(以葡萄糖计)。在绍兴地区，干黄酒的代表是“元红酒”。

(2) 半干黄酒

“半干”表示酒中的糖分还未全部发酵成酒精，还保留了一些糖分。在生产上，这种酒的加水量较低，相当于在配料时增加了饭量，故又称为“加饭酒”。酒的含糖量在1.00%～3.00%之间。酒质浓厚，风味优良，可长久储藏，是黄酒中的上品。我国大多数出口酒均属此种类型。

(3) 半甜黄酒

这种酒的酿造工艺独特。它是用成品黄酒代水，加入到发酵醪中，在糖化发酵开始之际，发酵醪中的酒精浓度就已达到了较高水平，在一定程度上抑制了酵母菌的生长速度。由于酵母菌数量较少，发酵醪中产生的糖分不能转化成酒精，故成品酒中的糖分较高，含糖量在3.00%～10.00%之间。这种酒酒香浓郁，酒度适中，甘甜醇厚，是黄酒中的珍品。但这种酒不宜久存。储藏时间越长，色泽越深。

(4)甜黄酒

酿造这种酒一般采用淋饭操作法,拌入酒药,搭窝先酿成甜酒,当糖化至一定程度时,加入40%~50%浓度的米白酒或糟烧酒,以抑制微生物的糖化发酵作用,酒中的糖分含量在10.00克/100毫升~20.00克/100毫升之间。由于加入了米白酒,酒度也较高。甜型黄酒可常年生产。

(5)浓甜黄酒

糖分大于或等于20克/100毫升。

(6)加香黄酒

这是以黄酒为酒基,经浸泡(或复蒸)芳香动植物或加入芳香动植物的浸出液而制成的黄酒。

2. 按酿造方法分类

(1)淋饭酒

淋饭酒是指将蒸熟的米饭用冷水淋凉,然后拌入酒药粉末,搭窝,糖化,最后加水发酵成酒。口味较淡薄。这样酿成的淋饭酒,有的工厂是用来作为酒母的,即所谓的"淋饭酒母"。淋饭酒口味较淡薄。

(2)摊饭酒

是指将蒸熟的米饭摊在竹篾上,使米饭在空气中冷却,然后再加入麦曲酒母(淋饭酒母)、浸米浆水等,混合后直接发酵。

(3)喂饭酒

按这种方法酿酒时,米饭不是一次性加入而是分批加入的。

3. 按产地分类

(1)绍兴酒

产于浙江绍兴地区,以糯米为原料,采用淋饭酒、摊饭酒工艺酿成。是中国黄酒的代表。

(2)仿绍酒

除绍兴地区外,其他地区按绍兴酒工艺酿成的糯米酒,均叫做仿绍酒。如北京元红酒。

(3)福建红曲酒

又称红曲黄酒,主要产于福建,其次产于广东、台湾等地。以糯米为主,或用糯米为原料,采用红曲为糖化酵剂酿制而成。如福建老酒、珍珠红酒等。

(4)北方黄酒

又叫华北黄酒、黍米黄酒,主要产于华北、东北及黄河流域一带。以黍米为原料酿成。如山东即墨老酒、大连黄酒等。

(5)清酒

又称大米清酒,是我国从日本引进的酒类,最早在长春试产成功,投入生产。以后又发展到大连、济宁、德阳等地方。以大米为原料,采用酒酵母为糖化酵剂,按日本清酒工艺酿造而成。

4. 按原料分类

有糯米酒、黑米酒、玉米黄酒、粟米酒、青稞酒等。

5. 按酿酒用曲的种类分类

有小曲黄酒、生麦曲黄酒、熟麦曲黄酒、纯种曲黄酒、红曲黄酒、黄衣红曲黄酒、乌衣红曲黄酒等。

6. 按商业分类方法分类

有江南黄酒、福建黄酒、北方黄酒等。

知识点三:黄酒著名品牌

我国许多地方都生产黄酒,著名的有绍兴酒(包括加饭酒、元红酒、善酿酒、香雪酒等)、福建老酒、福建沉缸酒、江西九江封缸酒、江苏丹阳封缸酒、无锡惠泉酒、广东珍珠红酒、山东即墨老酒、兰陵美酒、秦洋黑米酒、上海老酒、大连黄酒等。其中以绍兴酒最为出色。

1. 绍兴酒

绍兴酒产于浙江绍兴，其选料、用水、酿造工艺都很严格。

酿造原料是当年产的糯米，要求粒大、饱满，酿酒时机选在冬季，水源取自鉴湖湖心之水，水质清洁，软硬适中，且含有微量矿物质，这是绍兴酒具有鲜、嫩、甜特点的原因之一。

绍兴酒采用淋饭法和摊饭法酿制而成。其封坛工艺也很讲究，是将坛口用荷叶、黏土等材料封起来，这种方法可以使酒液不与阳光接触，但空气可以进入。绍兴酒酒度低，可以长期储存，而且越陈越美，这与其特殊的封口方法有密切关系。

(1)加饭酒

加饭酒已有2300多年的历史，采用精白糯米、优质小麦、鉴湖水酿制而成。其特点是色泽橙黄清澈、香气馥郁芬芳、滋味甘甜醇厚，酒度为16~17度左右，具有色、香、味俱佳的独特风格，是绍兴酒中的珍贵品种。加饭酒畅销日本、新加坡、马来西亚等国，是我国出口量最大的黄酒。加饭酒以温饮较好。

(2)元红酒

元红酒又名“状元红”，因历史上酒坛外表涂红色而得名。它是产销量最大的一种绍兴酒。元红酒也是用精白糯米、优质小麦、鉴湖水酿制而成，其特点是清澈黄亮、香气芬芳、味醇爽口，酒度为15~16度，糖酸成分较低。

(3)善酿酒

善酿酒也是绍兴名酒之一，用精白糯米、优质小麦并用陈年元红酒水酿制而成。其特点是清亮透明，香气特盛，酒度在15度左右，糖分为6%左右，酸度在0.55%以下，属半甜型酒，酒度适中，味道甘甜。善酿酒远销日本、新加坡、马来西亚等国。

(4)香雪酒

香雪酒是绍兴酒中的特殊品种,用米饭加麦曲、酒药一次酿成。酒液淡黄清亮,香浓味醇,甘甜鲜美,是高糖(20%左右)、高酒度(20度左右)的黄酒,适宜饭前饭后常温饮用,也可与汽水、白酒等饮料兑饮。

2. 福建老酒

以精白糯米为原料,以红曲作糖化发酵剂酿制而成,色赤如丹,清亮透明。酒度15度,含糖6%,具有红曲老酒特有的浓郁醇香。福建老酒是公认为烹调菜肴的好调料,亦可直接加入鱼类的汤菜里,以增加特殊鲜美的风味。著名的"佛跳墙"就是用福建老酒当汁的。

3. 山东即墨老酒

即墨老酒是以优质大黄米(黍米)为原料,以崂山矿泉水为酿造用水,用现代工艺酿造而成。其特点是酒液清亮,红褐透明,呈深棕红色和琥珀色,酒体醇厚,酒香浓郁,焦香突出,微苦而余香不绝,酒度12度。常饮即墨老酒,能促进新陈代谢,祛风散寒,活血散淤,健脾胃,助消化,通经活络,特别对腰腿痛、关节炎、胃病、妇女产后尤有裨益,被消费者称为"回春的药酒"。

知识点四:如何正确饮用黄酒

黄酒可带糟饮用,也可仅饮酒汁。

1. 黄酒最佳饮用温度

(1)温饮。温饮是传统的饮法,将盛酒器放入热水中烫热。热饮的显著特点是酒香浓郁,酒味柔和,但加热时间不宜过久,或隔火加温,否则酒精挥发掉了,反而淡而无味。冬天一般适宜温饮。

(2)常温下饮用。

(3)冰饮。在中国香港地区和日本,流行加冰后饮用。即在玻璃杯中加入一些冰块,注入少量的黄酒,最后加水稀释饮用;有的也放一片柠檬在杯内。夏天时也有人把黄酒放入冰箱降温后再饮的。在黄酒中加入几块冰块,口感更好。也可根据个人口味,在酒中放入话梅、柠檬、姜丝等,或兑些雪碧、可乐、果汁等,清新爽口,风味极妙。

2. 黄酒配菜

饮黄酒时配以不同的菜,更可领略黄酒的特有风味。以绍兴酒为例:

(1)干型的元红酒,宜配蔬菜类、海蜇皮等冷盘。

(2)半干型的加饭酒,宜配肉类、大闸蟹。

知识点五:黄酒服务要点

(1)问清楚客人是温饮、常温饮还是冷饮。

(2)根据不同类型的黄酒,推介不同的菜肴。

配 制 酒

配制酒在过去主要以葡萄酒为基酒，人们把它归为葡萄酒类，但现在，配制酒的酒基可以是原汁酒，也可以是蒸馏酒，还可以两者兼有。配制酒的名品多来自欧洲，其中以法国、意大利和荷兰产的最有名。配制酒分为开胃酒、甜食酒和利口酒。我国的配制酒分为药酒和露酒两种。

模块1

开 胃 酒

开胃酒的名称源于它是专门在餐前饮用的能增加食欲的酒。开胃酒的概念比较含糊，随着饮酒习惯的演变，开胃酒逐渐被专门用于指以葡萄酒和某些蒸馏酒为主要原料的配制酒，如味美思(Vermouth)、苦味酒(Bitter)和茴香酒(Anise)。

知识点一：味美思(Vermouth)

味美思酒是从苦艾酒逐渐演变而来，它以葡萄酒为基酒，并加入各种植物的根、茎、叶、皮、花、果实以及种子等芳香性物质加工而成。因这种酒中加入了一种叫苦艾的植物,因此得名,我们译成"味美思"。

味美思以意大利、法国生产的最为著名。最佳味美思产区是介于意大利、法国两国交界的高山边缘一带。

味美思酒经陈年放置后,颜色会加深,但不会影响酒度。由于它有提神开胃、帮助消化的作用,常在饭前饮用,故属于开胃酒的一种。

1. 味美思的酿造工艺

味美思是加香葡萄酒中最闻名的品种。一般地,味美思是以白葡萄酒为基酒(以中性干型者为佳),调配各种香料(包括苦艾、大茴香、苦橘皮、菊花、小豆蔻、肉豆蔻、肉桂、白菊、花椒根、大黄、丁香、龙胆、香草等),经过搅拌、浸泡、冷却澄清、装瓶等工序酿制而成。根据不同的品种,其调配方法也各异,如:白味美思酒还需加入冰糖和食用酒精或蒸馏酒,红味美思再加入焦糖调色。

味美思的制作方法有四种:

第一种,在已制成的葡萄酒中加入药料直接浸泡。

第二种,预先制造出香料,再按比例加至葡萄酒中。

第三种,在葡萄汁发酵期,将配好的药料投入发酵。

第四种,在制好的味美思中再用人工方法加入药料。

2. 味美思的种类

世界上著名的味美思分四类,它们是:

(1)白味美思(Vermouth Blanc 或 Bianco)

白味美思色泽金黄,香气柔美,口味鲜嫩,含糖量在 10% ~ 15% 左右,酒度 18 度。

(2)红味美思(Vermouth Rouge 或 Rosso)

红味美思色泽呈琥珀黄色,香气浓郁,口味独特,含糖量

15%,酒度18度。

(3)干味美思(Vermouth Dry 或 Sec)

干味美思是淡白、淡黄色,含糖量均不超过4%,酒度18度。干味美思因生产国不同,颜色也有差异,如法国干味美思呈草黄棕黄色。

(4)托利诺味美思(VermouthdeTurin 或 Torino)

托利诺味美思调香用量大,香气浓烈扑鼻,有多种香型。如桂香味美思、金香味美思等。

3. 味美思名品

味美思最著名的有两种:即甜型和干型。

(1)甜型味美思

甜型味美思酒香味大、葡萄味较浓、较辣、较有刺激,喝后有甜苦的余味,略带橘香,以意大利生产的最为著名,含葡萄酒原酒75%。甜味美思是调制曼哈顿鸡尾酒的必备材料。为了配合其甜味,意大利味美思的酒标多为彩色艳丽的图案,分红、白两种。

此类味美思著名的酒品有:马丁尼(Martini)、卡佩诺(Carpano)、利开多纳(Riccadonna)、仙山露(Cinzano)、干霞(Gancia)。

(2)干型味美思

干型味美思涩而不甜,香微妙而令人陶醉,以法国产的干型味美思最有名,含葡萄原酒至少80%,美洲人都喜欢纯饮,它也是调制马丁尼鸡尾酒的绝佳配料。

干型味美思名品有:杜瓦尔(Duval)、香白丽(Chambery)、诺瓦丽·普拉(Noilly Prat)。

知识点二:苦味酒(Bitter)

1. 认识苦味酒

苦味酒是从古药酒演变而来的,至今仍保留着药用和滋补的效用,根据英文译音有时称“必打士”或“比特酒”。特点是苦味突出、药香气味浓。

苦味酒是用葡萄酒和食用酒精作酒基,调配多种带苦味的花草及植物的茎、根、皮等制成。现在,苦味酒的生产越来越多地采用酒精直接与草药精掺兑的工艺。酒精含量一般在16~40度之间,有助消化、滋补和兴奋的作用。

2. 酒吧常见苦味酒

(1)Campari 金巴利

金巴利产于意大利的米兰,它是意大利最受欢迎的开胃酒,其配方是用橘皮、金鸡纳霜及多种香草调配而成的,已超过千年历史。酒液呈棕红色,药味浓郁,口感微苦且舒适。金巴利在世界酒坛上的地位超然,有多种喝法,其中以金巴利加甜味美思最受欢迎。另外,金巴利加橙汁、西柚汁、金巴利加汤丽水、金巴利加冰块、金巴利加苏打水都是非常流行的喝法。

(2)杜本内(Dobonnet)

杜本内产于法国巴黎,是法国最好的开胃酒。它是用金鸡纳树皮及其他草药浸制在葡萄酒中制成的。酒液呈深红色,药香突出,苦味中带甜味,风格独特。杜本内有红、黄、干三种类型,以红杜本内最出名,酒度16度。

(3)希奈尔酒(Cynar)

意大利的一种开胃葡萄酒。呈琥珀色,用苏打水调制,用橙皮装饰后饮用。

(4)苏滋(Suze)

苏滋产于法国。香料是龙胆草的根块。

(5)安格斯特拉(Angostura)

一种红色苦味朗姆酒,由委内瑞拉医生西格特(Siegert)在1824年发明,起初用于作退热药酒,现广泛作为开胃酒。主要产地在特立尼达和多巴哥等地。

(6)妃尔奶·布兰卡(Fernet Branca)

妃尔奶·布兰卡产自意大利的米兰,是著名的苦味酒之一,此酒号称"苦酒之王",酒度40度,尤其适用于醒酒健胃。

除以上介绍外,还有法国利莱(Lillet)、亚马·皮康(Amer Picon),美国的阿波茨(Abbott's)等。

知识点三:茴香酒(Anise)

茴香酒是用茴香油与食用酒精或蒸馏酒配制而成的。茴香一般从八角茴香和青茴香中提取,前者多用于开胃酒的制作,后者多用于利口酒的制作。

茴香酒有无色和染色之分,酒液视品种不同而呈现出不同的颜色。一般都有较好的光泽,茴香味甚浓,馥郁迷人,味重而刺激,酒度在25度左右。茴香酒以法国产的最著名。

茴香酒名品有:里卡尔Ricard(染色)(法国)、潘诺Pernod(茴青色)(法国)、派斯提斯Pastis(法国)、奥作Ouzo(西班牙)、亚美利加诺Americano(意大利)、辛Cin(意大利)等。

知识点四:开胃酒的服务要点

1. 开胃酒在餐前饮用,一般可用来佐餐,如小点心、干酪等。

2. 开胃酒有净饮或掺兑(加冰块、果汁、汽水和矿泉水)多种饮法。

3. 开胃酒的服务操作要当着客人的面进行。

4. 不同的酒品,其标准用量及服务方法有所不同:

净饮的味美思、苦味酒的标准用量为50毫升/杯。味美思一般冰镇后饮用(可用冰块或冰箱储藏的方法降温)。

Fernet Branca苦味酒可用苏打水冲兑,加冰块饮用。

茴香酒的标准用量为30毫升/杯或20毫升/杯。一般以清水冲兑饮用，方法是先加酒，然后加水，量为所用酒量的 5 倍至 10 倍，最后加冰块。

Campari 配一片柠檬皮，Suze 可冲兑石榴水和柠檬水。

模块2

甜食酒

甜食酒是享用西餐的最后一道菜——甜食时饮用的酒品,因而得名。其主要特点是口味较甜。这种酒的酒精含量超过普通餐酒的一倍,开瓶后仍可保存,搬运时也无须特别照顾。

著名的甜食酒大多产于欧洲南部,如葡萄牙、西班牙、意大利、希腊、匈牙利、法国,名品有雪利酒、波特酒、玛德拉酒等。除此之外,优秀的甜食酒还有西班牙的马拉加(Marsala)、法国的原甜葡萄酒(Vindoux natural)、阿尔及利亚的米斯苔尔酒(Mistelle)、西班牙以及葡萄牙的莫斯卡苔尔酒(Moscatel)等。

知识点一:雪利酒(Sherry)

雪利酒产于西班牙的加的斯,是西班牙的国酒。不同国家有其不同的称呼方法,如法国称为塞勒士(Xerds)、英国称为些厘酒或雪利酒(Sherry)。

1. 雪利酒的种类及特点

◆ 菲诺类雪利酒(Fino)

菲诺类雪利酒以清淡著称。酒液淡黄而明亮,是雪利酒中色泽最淡的酒品。其香气精细而优雅,给人清新之感,酒度17~18

度左右,属干型。口感干洌、爽快、清淡、新鲜。常被用作开胃酒,也可佐以小吃或配汤,需冰镇后饮用。

由于雪利酒并不以酿酒年份来区分品质的,因此酒龄并不起重要作用,再加上雪利酒往往是由各地的产品混合而成的,人们也弄不清它的年份。即使标明装瓶年份,也很难说明酒的内在质量。所以购买瓶装菲诺类酒时,最好选用新近装瓶的,现买即喝最合适,因为装瓶储存时间一久,就会失去它原有的新鲜度。菲诺类酒品最多存两年。

常见的菲诺类雪利酒有以下几种:

【类型 1】阿蒙提拉多(Amontillado)

阿蒙提拉多雪利酒用途最广,销路最大,是菲诺的一个品种。香气中带有核桃仁味,口感干洌而清淡,酒度为 16~18 度,适合一般口味。

【类型 2】芒阐尼拉(Manzanilla)

它是西班牙人最喜爱的酒品。酒液微红,清亮,香气温和醇美,口感干洌,清爽,微苦,劲略大,常有杏仁苦味的回香,酒度在 15~17 度之间。

【类型 3】巴尔玛(Palima)

巴尔玛雪利酒是菲诺的出口学名,分为 1、2、3、4 档,档数越高,酒越陈。

◆ 奥罗鲁索类雪利酒(Oloroso)

"Oloroso"西班牙字意为"芳香",有"芳香雪利"之称。酒液呈金黄棕红色,透明度极好。香气浓郁扑鼻,有坚果香气,而且越陈越香。口味浓烈、柔绵、干洌但有甘甜感,酒度一般在 18~20 度之间,酒龄较长的酒度可达 24~25 度。这种酒是代替点心(或佐甜食)或喝咖啡前后喝的,但很多人喜欢把它当做晨间的兴奋剂或午后、晚上的饮料。如果用它来当开胃酒,需要冰镇处理。

常见的奥罗鲁索类雪利酒有以下几种:

【类型1】巴乐·谷尔答图

是雪利酒中的珍品,市场上很少供应。它的风格很像菲诺,但却属奥罗鲁索类,人称“具有菲诺酒香的奥罗鲁索”。它既干洌又醇浓,大多陈酿20年才上市。

【类型2】阿莫鲁索(Amoroso)

它是一种甜雪利酒,又称“爱情酒”。口味凶烈,劲足力大,甘甜圆正,深为英国人所喜爱。

【类型3】雪利乳酒(Cream Sherry)

酒液呈深红色(是用添加剂制成的),是极甜的奥罗鲁索类酒,首创于英国。香气浓郁,口味甜。常用于代替波特酒而在餐后饮用,此酒在美国的销售量较大。

在以上介绍的各种雪利酒中,有很多世界知名的酒牌,如:桑德曼(Sandeman)、柯罗夫特(Croft)、公扎雷·比亚斯(Gonzalez Byass)等。

2. 雪利酒的酿造原料

在西班牙加的斯种植葡萄的土壤,多年来被分为三个类型:微白土壤、沙土和矿泉泥。其中,以微白土壤最富典型性。在这种土壤上种植的葡萄,酿制出来的是最好的雪利酒。

酿制雪利酒的葡萄品种是加的斯巴洛米洛、菲奴巴罗米洛和自得洛斯麦勒,另外还有少量的玫瑰香葡萄。生产雪利酒需要85%~88%的巴罗米洛葡萄,如果生产高级的雪利酒,这个品种的用量则高达98%。

3. 雪利酒的酿造方法

为了榨取浓汁,采下葡萄后,要先在草席上曝晒1~2天,然后将压榨后的果汁倒入长有菌膜的木桶中,其数量通常为木桶容量的2/3或3/4,然后再进行发酵。

雪利酒的第一次发酵是凶猛的,时间为3~7天,泡沫常常从发酵桶口溢出。经过这段时间后,发酵会渐趋平静,约需3个月之久,此时开桶塞,敞开桶口,让空气进入桶内,葡萄酒自由接触空气。当发酵作用将告完毕时,雪利酒是干性的,也就是说,所含糖分都已转变为酒精。

在第二年的一月或二月,将酒从桶中抽出,经过嗅尝,评定质量,分出档次,决定将其酿制成干性轻质的菲诺雪利酒,还是丰满的奥罗鲁索雪利酒。如果在酒液上长出一层"酒花",是灰色泡沫层,这是菲诺类雪利酒可见到的;奥罗鲁索雪利酒就没有这种酒花,或者只有很少一点。有酒花时,只要喷洒一些白兰地就可以将其消除。

等葡萄酒重新出现变为菲诺或奥罗鲁索的趋势时,就可将酒抽出来,盛入另一个木桶中,做一次换桶工作。这时要取出酒样,检查酒度。如果有不达指标的,就应逐渐添加白兰地酒精,使其酒度提高到规定的程度。如将来要制成菲诺类型的雪利酒,则应将酒度调整至16度;如果要制成奥罗鲁索类型的雪利酒,则应将酒度提高到17~18度。此时添加酒精的工序,是最后区别雪利酒两个典型类型的具体方法。

雪利酒在专门的酒库中(通风、通气)经过一段时间的储存,达到规定的年龄(一般不超过3年),即可对酒进行最后处理,如调配、杀菌、澄清、装瓶等。

知识点二:波特酒(Port Wine)

如果说,雪利酒是西班牙的国酒,那么,波特酒就是葡萄牙的国酒。波特是葡萄牙的第二大城市,也是一个著名的港口。葡萄牙生产的葡萄酒大都集中在这个城市里进行调配和包装,然后出口。因此这个地名就成了甜葡萄酒的代名词。在国际上,只要一提起"波特"这个名字,大家便会想到甜红葡萄酒。

波特酒是世界上最著名的甜葡萄酒之一。其酿造工艺独特，在葡萄发酵中途，为了保留其所含的天然葡萄糖分，会加入葡萄酒精，即白兰地酒，以终止其继续发酵，使酒变得甜蜜而醇厚，故而这种酒的酒精含量较高，为15～20度，超过一般葡萄酒，被称为强化葡萄酒。

1. 波特酒的分类

【类型1】好年成波特酒（Vintage Port）

是由已被公认的好年成葡萄酿制的波特酒，可以适当勾兑同一年的其他好年成葡萄酒。法律规定，好年成波特酒必须在橡木桶中至少陈酿2年，装瓶后继续陈酿，10年后熟成，其寿命长达35年。该酒口味醇厚，果香酒香协调，甜爽温润。

【类型2】类好年成波特酒（Vintage Character Port）

以各种年份的葡萄酒勾兑，陈酿于橡木桶中4年，就可马上饮用。柔顺圆正，果香悦人。常被误解为好年成波特酒，因此而得名。其实其特点更近似于宝石红波特酒（Ruby Port）。

【类型3】陈年波特酒（Crusted Port 或 Crusting Port）

用几种高质量的葡萄酒勾兑，陈酿于橡木桶中4年后出售。

【类型4】陈年茶红波特酒（Fine Old Tawny Port）

装瓶后陈放5～6年，其酒色为茶红色因此而得名。口味柔顺，醇厚浓正、香气悦人，有坚果型香味。

【类型5】陈年宝石红波特酒（Fine Old Ruby Port）

由几种优质葡萄酒勾兑，在木桶中陈酿近4年，-8～-9℃低温处理后装瓶，果香突出，口味甘润。

【类型6】茶红波特酒（Tawny Port）

由红葡萄酒和白葡萄酒勾兑，木桶中陈酿6～8年，酒体柔顺，坚果型香气。

【类型7】宝石红波特酒（Ruby Port）

这是酒龄最短的波特酒。在木桶中陈酿不到1年,所以仍保持新葡萄酒的丰满色彩,果性实足,只适于幼龄时饮用,不宜长期窖藏。

【类型8】单一葡萄园年份波特酒(Single - quinta Port)

由单一葡萄园产的葡萄酒酿制成的波特酒。有非好年成、好年成、茶红等类型。

【类型9】晚期装瓶好年成波特酒(Late Bottled Vintage Port)

简称LBV。是延长木桶陈酿期的好年成波特酒,将陈酿年成号标在商标上,例如"1983LBV"。

【类型10】收获日期波特酒(Vintage-dated Tawny Port)

质量上乘的陈年茶红波特酒,注有收获年份和日期,还有装瓶年份。在木桶中陈酿20年或50年,绝不要与好年成波特酒相混。收获日期波特酒不在瓶中陈酿。有时商标上还可见到"Natured in Wood"、"Reserve"、"Bottled in dates"的字样。

【类型11】白波特酒(White Port)

用白葡萄酿制成的干型波特酒。其风味和柔顺的雪利(Sherry)酒相似,常作为开胃酒。少数是甜型的,例如Ferreira酒商产的"Superior White"就是其中之一。

2. 波特酒的酿造方法

波特酒是采用葡萄牙杜罗河谷的葡萄品种酿制而成的。葡萄必须完全成熟,糖度在23~26度之间,采摘时要剔除霉烂变质的,并尽量避免碰伤。

酿造波特酒的关键技术,是要保证成品酒有足够的生长在温暖地区成熟葡萄的色泽。具体做法是,在葡萄破碎时,在葡萄浆中加入约100毫克/升二氧化硫,并加热到50℃约24小时,或瞬时加热到60℃,甚至更高温度,这样,葡萄皮中的色泽就会很快提取出来。现在趋向采用在葡萄破碎后,加热到80℃约2~3分钟的工艺。

发酵可采用野生或人工培养酵母,初发酵时间为2~4天。如同酿制一般的红葡萄酒一样,要经常捣汁,待残糖降到所需程度(酒精度达到6~8度)时,将皮渣分离。

将酒液泵入贮酒桶,加入酒度为76~78的原白兰地,使之中断发酵而进入储存阶段。按照葡萄牙的酒法规定,生产波特酒所用的葡萄酒精,只能用杜罗河流域以及由此向南320公里的里斯本周围生产的佐餐葡萄酒蒸馏而得到,在其他任何地方和以任何方式生产的酒精都不允许用来生产波特酒。

刚发酵完的强化葡萄酒只有通过足够时间的储藏,才能改善其风味,一般需储藏2~4年。储存后,在第二年春季开始的时候,杜罗地区大大小小的以葡萄园、作坊和"农家"为单位(按统一的工艺要求)生产的葡萄酒,被一些木质的"酒船"运到波特各个酒厂的酒库中进行长期陈酿。在陈酿过程中,还要经过热灭菌、冷冻处理等工序,它们不仅对葡萄酒起到澄清和稳定的作用,而且还起到促进葡萄酒老熟的作用。陈酿的关键是在木桶(或木船)中储存(目前也有用水泥池和露天老熟的新方法)。在温度较少变化的酒窖中存放4~6年,存放过程中还要换桶2~3次。

波特酒的上品储存时间要求达到4~6年。实际上,波特酒究竟储存多长时间比较好,是根据世界各国消费者的要求而定的。有的国家的消费者喜欢鲜红或紫红、具有芬芳果香的波特酒,这种储存时间短的新酒,其酒龄一般为1~2年;有的国家的消费者喜欢色泽为茶红色的、具有浓郁陈酒香味、口味柔和的波特酒,这种储存时间长的老酒,酒龄多为4~6年,有的甚至达到10年以上。

波特酒既可纯饮,也可佐餐。

知识点三:玛德拉酒(Madeira)

玛德拉酒产于葡萄牙的玛德拉岛上,是以地名而命名的酒品。

玛德拉酒是根据所要获得的酒品的不同类型,用当地的葡萄酒和白兰地为基本原料,然后再经过一系列的加热、保温及储存等处理后,进行勾兑而成的,酒度为16~18度。

玛德拉酒是酿造周期最长的一种酒,也是世界上寿命最长的酒,最多可达200年之久。与雪利酒不同,玛德拉酒属干型白葡萄酒类,越不甜越好喝,作为饭前开胃酒饮用最佳。

玛德拉酒是以品种和商标的知名度来判别其品质的,分为四大类:

【类型1】舍西亚尔(Sercial)

舍西亚尔是最不甜的一类酒。酒液呈金黄或淡黄色,色泽艳丽,香气芬芳,口味醇厚。西餐中常用它作料酒。

【类型2】弗德罗(Verdelho)

弗德罗也是干型酒,但比舍西亚尔稍甜一点。酒色金黄,光泽动人,香气优雅干洌,醇厚、纯正。

【类型3】布阿尔(Baul)

布阿尔属半干型酒,作甜食酒用。

【类型4】玛尔姆赛(Malmsey)

玛尔姆赛在玛德拉酒家族中享誉最高,属甜型酒。此酒色呈褐黄或棕黄色,香气悦人,味极佳,甜润爽适,比其他同类产品醇厚浓正,给人富贵豪华之感。

玛德拉酒中还有一些值得一提的酒品,如甘霖酒(Rainwater)。它起源于美国,综合了清淡与柔和,有甘霖风味。

著名的玛德拉酒的名牌产品:玛德拉酒(Madeira Wine)、鲍尔日(Borges)、巴贝都王冠(Crown Barbeito)、法兰加(Franca)等。

知识点四:甜食酒的饮用与服务要点

1. 根据酒品本身的特点和不同国家的饮用习惯,甜食酒的品种中有的作为开胃酒,有的作为餐后酒。如雪利酒中的菲诺类酒品，常被用来作开胃酒，而奥罗鲁索类酒品则可用来佐甜食，作为甜食酒。英语国家常将其作餐后酒饮用，法国、葡萄牙、德国及其他国家常用其作餐前酒。一般来说，中干型甜食酒可作开胃酒，较甜熟的甜食酒可作餐后酒。波特酒也可作为佐餐酒。

2. 甜食酒中的雪利酒和波特酒都用专门杯具服务，标准用量为 50 毫升/杯。

3. 不同的酒品，饮用温度也有差异。作为餐前酒的甜食酒，需冰镇后饮用；如果作餐后酒，可以常温服务。

4. 陈年波特酒因有沉淀，需要进行滗酒处理。

模块3

利口酒

知识点一:认识利口酒

利口酒又译利乔酒,由英文 Liqueurs 音译而来,美国称 Cordial,是拉丁文。

它是以食用酒精和其他蒸馏酒为基酒,配制各种调香物品,并经过甜化处理(一般要加入1.5%的糖蜜)的酒精饮料。具有高度或中度的酒精含量,颜色娇美,气味芬芳独特,酒味甜蜜。

此酒有舒筋活血,帮助消化的作用,故法国人称为 Digestifs,在餐后饮用。在宴会中饮用利口酒都在餐后,侍者用精美的银盘,放置很多只容量为2盎司的利口酒杯,请客人取用,使宴会达到最高潮。

因利口酒含糖较高,相对密度大,色彩鲜艳,常用来增加鸡尾酒的颜色、香味,突出其个性,仅以数滴利口酒之量,就可以使一杯鸡尾酒改变其风格。利口酒更是调和彩虹酒不可缺少的材料。另外,还可用利口酒来烹调、烘烤甜点、制作冰激凌及布丁等。

知识点二:利口酒的种类

1. 水果类。有些以水果为原料制成并以水果的名称命名,如樱桃白兰地酒等。

2. 种子类。用果实的种子制成的利口酒,如杏仁酒等。

3. 香草类。以花、草为原料制成的利口酒,如薄荷酒、茴香酒等。

4. 果皮类。以某种特殊香味的果皮制成的利口酒,如橙皮酒。

5. 乳脂类。以各种香料和乳脂调配出各种颜色的奶酒,如可可奶酒。

知识点三:利口酒的酿造方法

利口酒是用食用酒精加香草料、糖配制成的,因其所用的原料不同,操作方式各异。归纳起来有以下几种:

1. 浸渍法。将果实、药草、木皮等浸入葡萄酒或白兰地中,再经分离而成。

2. 滤出法。利用吸管的原理,将所用的香料全部滤到酒精里。

3. 蒸馏法。将香草、果实、种子等放入酒精中加以蒸馏即可。这种方法多用于制作透明无色的甜酒。

4. 香精法。将植物性的天然香精加入白兰地或食用酒精等烈酒中,再调制其颜色和糖度。

知识点四:利口酒名品

1. 水果类利口酒

水果类利口酒主要由三部分构成:水果(包括果实、果皮)、糖料和酒基(食用酒精、白兰地或其他蒸馏酒)。一般采用浸渍法制作,口味新鲜、清爽,宜新鲜时饮用。

著名的水果类利口酒有:

(1)橙皮甜酒(Curacao)

橙皮甜酒产于荷兰的库拉索岛,以产地命名。该酒是由橘子皮调香浸制的利口酒。颜色多样,有透明色、绿色、蓝色等。橘香悦人,清爽,优雅,味微苦,适宜作餐后酒和混合酒的配酒,如白兰地柯布勒(Brandy Cobbler)、旗帜(Flag)、橘子香槟(Orange Champagne)、蓝魔(Blue Devil)等混合酒均是以橙皮甜酒作为辅助材料配制成的。

(2)君度香橙(Cointreau)

君度香橙是由法国的阿道来在18世纪初创造的,经过一个半世纪的奋斗,君度家族已成为当今世界最大的酒商之一。君度香橙酒畅销世界145个国家。

酿制君度酒的原料是一种不常见的青色的有如橘子的果子,其果肉又苦又酸,难以入口。这种果子来自于海地的毕加拉、西班牙的卡娜拉和巴西的皮拉。君度酒的制作过程高度保密,主要是因为君度世代家族对这个企业的质量高度重视。

要尽情体会君度的魅力,莫过于加冰块饮用,其酒味芳香柔滑,轻尝浅啜,乐趣无穷。方法是,在古典杯中加三四块小冰块,然后将一份或两份君度酒慢慢倒入杯内,待酒色渐透微黄时,以柠檬皮装饰即可享受清凉甘甜的美酒。

君度香橙也是调制鸡尾酒的配料,如著名的边车(Side Car)、玛格丽特(Margarita)等便是其中两例。

(3)金万利(Grand Manier)

金万利产于法国的科涅克地区,是用苦橘皮浸制调配成的。酒度在40度左右,分红、黄两种。橘香突出,口味凶烈,劲大,甘甜,醇浓。

除此之外,白橙味甜酒(Triple Sec)、椰子甜酒(Coconut)也是很好的水果利口酒。

2. 草本类植物利口酒

草本类植物利口酒配制原料是由草本植物组成的神秘色彩,

配方及生产程序严格保密。名品有:

(1)修道院酒(Chartreuse)

修道院酒是世界闻名的利口酒,有利口酒女王之誉。因其在修道院酿制并具有治疗病痛的功效,又有灵酒之称。

此酒系法国格朗多·谢托利斯(Grand Chartreuse)修道院独家制造。配方保密从不披露。经分析表明:它是以葡萄酒为酒基,浸制100多种草药(包括龙胆草、虎耳草、风铃草等)再兑以蜂蜜,成酒后需陈3年以上,有的长达12年之久。

修道院酒分绿酒(Chartreuse Verte)和黄酒(Chartreuse Jaune),少量品饮,也可用来调制鸡尾酒。

(2)当酒 (Benedictine)

又译为泵酒或修士酒,原酒简称D. O. M.,是拉丁语DEO OPTIMO MAXMO的缩写,意思是献给至高至善的主。此酒同样具有神秘感,它产于法国的诺曼底地区,参照教士的炼金术配制而成,祖传秘方。经鉴定分析,当酒是用葡萄蒸馏酒作酒基,用27种草药调香(包括当归、丁香、肉豆蔻、海索草等)再掺兑蜂蜜配制而成。

当酒在世界上获得成功之后,生产者又用当酒与白兰地兑和,制出另一种产品:B&B(Benedictine and Brandy),同样受到热烈欢迎,它们的酒精含量均为43度。

(3)杜林标(Drambuie)

杜林标产于英国,是一种用草药、威士忌和蜂蜜配制成的利口酒。此酒根据古传秘方制造。秘方由爱德华·查理王子的一位法国随从在1945年带到苏格兰的。此酒在美国十分流行,常用于餐后酒或兑水饮用。

(4)加利安诺(Galliano)

加利安诺甜酒产自一个世纪以前的意大利,是以意大利的英雄加利安诺将军的名字命名的酒品。它是以食用酒精作基酒,加入了30多种香草酿造出来的金色甜酒,味道醇美,香味浓郁,将其盛放在高身而细长的酒瓶内。在加利安诺甜酒里,融合了英雄与浪漫的情怀,它给人带来欢乐、温暖,是调酒常用的配料。加利安诺热冲酒(依次将20毫升的加利安诺酒、浓咖啡和奶油滤入热冲杯中,依酒品的比重不同,而呈金黄色、咖啡色、乳白色的多彩颜色)是时下很流行的热饮。

3.种子利口酒

种子利口酒是用植物的种子为原料制成的利口酒。一般用于酿酒的种子多是含油高、香味烈的坚果种子,著名的酒品有:

(1)茴香利口酒(Anisette)

茴香利口酒源于荷兰的阿姆斯特丹,是地中海诸国最流行的利口酒。用茴香和酒精制成的香精,兑以蒸馏酒精和糖液,然后搅拌,再进行冷处理。

(2)杏仁利口酒(Liqueursd' abricots)

杏仁利口酒以杏仁和其他果仁为酿酒原料。制酒时,先得澄清酒液。酒液绛红发黑,果香突出,口味甘美,以法国、意大利的产品最好。如意大利的亚马度(Amaretto)、法国的果核酒(Crème de Noyaux)等均是著名的杏仁利口酒。

4.利口乳酒

利口乳酒是一种比较稠浓的利口酒。用来作利口乳酒的原料可以是水果、草料,也可以是植物的种子。

(1)咖啡乳酒(Crème de Cafe)

该酒是以咖啡豆为原料酿制的,先烘焙粉碎咖啡豆,再进行浸制、蒸馏、勾兑,加糖澄清过滤而成,酒度为26度左右,主要产于咖啡生产国。著名的咖啡利口酒有咖啡甜酒(Kahlua)、玛丽泰(Tia Maria)等。

(2)可可乳酒(Crème de Cacao)

该酒用可可豆配制而成,主要产于西印度群岛,与咖啡乳酒的制作方法相似。

知识点五:利口酒的饮用及服务要点

1. 利口酒多用于餐后饮用,以助消化。

2. 利口酒每份的标准用量是25毫升,用利口酒杯或雪利酒杯提供。

3. 利口酒的饮用温度

因利口酒的酿制原料不同,酒品的饮用温度和方法也有差异。

(1)水果类利口酒,其饮用温度由饮者决定,基本原则是果味越浓、甜度越大、香气越烈的酒,其饮用温度越低越好。低温处理时,可采用溜杯、加冰块或冷藏等方法。

(2)草本类植物利口酒,如Chartreuse,Benedictine等宜冰镇饮用。

不同的酒品,其冰镇方法不同:

Benedictine作溜杯处理,酒瓶留在室内。

Chartreuse用冰块降温,酒瓶置于冰箱中。

所有乳酒加冰霜效果最佳。

(3)植物种子制成的利口酒,如Anisette等一般常温饮用,但也有例外,茴香酒常作冰镇处理,冷藏的方法较适宜。另外,可可乳酒,咖啡乳酒用冰桶降温后饮用。

4. 利口酒的饮用方法

利口酒的饮用方法有多种,怎样品尝才能达到越喝越香醇的效果呢?最好选用纯度高的利口酒,倒在专用杯里,用嘴一点点慢慢啜、细细品。但是,很多人觉得这样喝太甜太腻,下面介绍另外几种饮用方法:

(1)兑饮法。也就是加苏打水或矿泉水,不论哪种甜酒,喝前先将酒倒入干底杯中,其数量约为杯子容量的60%,再加满苏打水即可。如觉得水分过多,可添加一些柠檬汁,以半个柠檬的量较合适。最后再加些碎冰。若是鸡尾酒的话,可加入适量柠檬汁。

(2)碎冰法。先做碎冰,即用布将冰块包起,用锤子敲碎,然后将碎冰倒入鸡尾酒杯或葡萄酒杯内,再倒入甜酒,插入吸管即可。

(3)其他法。也可将利口酒加在冰激凌或果冻上饮用。做蛋糕时,还可用它来代替蜂蜜使用。另外,利口酒还可作为增加冰激凌颜色或味道的饮料。

模块 4

中国配制酒

中国配制酒分为两类:一是露酒,二是药酒。

知识点一:露酒

露酒是指以白酒、曲酒、酒精等烈性酒为酒基,采用花、根、皮、茎等芳香性植物,以及具有一定疗效的中草药材,通过串香浸泡,再蒸馏等工艺配制而成。

这类酒的酒度比较高,一般在 30% ~50% 之间,为使其口味甜,柔和爽口,都调入冰糖、蜂蜜等甜味剂等,糖在 25% 以下。

这类酒是我国具有独特风格的传统美酒,被誉为琼浆玉液。

1. 竹叶青

它以汾酒为原酒,用竹叶、栀子、香山奈、广林香、檀香等十余种香料制成,通过浸泡从而获得天然色素,再经精心调配陈酿而成。酒度 45 度,含糖 10%,酒液呈金黄色,微绿透明,有药材形成的独特的悦人芳香,口味香甜柔和,回味悠长。有理气养血、解毒利尿的功效。

2. 五加皮

它是以五加皮为原料，加入当归、砂仁、豆蔻、丁香等近 30 种中药材，以经过加工的白酒分别热浸后配制的。酒液呈褐红色，清澈透明，具有多种药材综合的芳香。酒度 40 度，含糖 6%，入口酒香浓郁，风味独特。

3. 园林青

它是以清香型曲酒为基酒，采用当归、砂仁、丁香等多种药材浸泡，并调入冰糖等陈酿而成。酒香芬芳，酒质醇厚，有开胃助消化、补气血等功效。

4. 桂花露酒

用新鲜桂花和白酒或酒精浸泡、调制而成。酒色金黄，花香馥郁而悠长，风味特殊。如果采用盐渍桂花为原料，则在浸泡后，必须再行蒸馏取香。

知识点二：药酒与保健酒

1. 药酒

药酒是用白酒或食用酒精等浸泡各种药材制成。根据药材的特性和对人体的作用，具有调节免疫功能、改善微循环系统、调节内分泌等功效。主要酒品有：

健胃酒：状元红酒、白玉露药酒。

行气酒：佛手酒、木香酒。

息风类酒：定风酒。

风湿类酒：虎杖酒、五加参酒。

2. 保健酒

保健酒是用具有咸、酸、苦、甘、辛味的动植物，使其含有的有益人体的成分溶入酒中，借酒的力量，达到滋补强身的目的。在配制保健酒时，要求既讲究功效又注重口味。

常见的保健酒有：

至宝三鞭酒、鹿尾巴补酒、参茸灵酒、人参酒、墨色补酒、太岁补酒、冬虫夏草酒、中国养生酒、雪蛤补酒、蜂王浆补酒等。

鸡 尾 酒

模块1

鸡尾酒基本知识

知识点一:认识鸡尾酒

鸡尾酒是以一种或几种烈性酒(主要是蒸馏酒和酿造酒)作为基酒,与其他配料如汽水、果汁等一起用一定方法调制而成的混合饮料。一杯好的鸡尾酒应色、香、味、形俱佳。

鸡尾酒以其多变的口味、华丽的色泽、美妙的名称,满足了现代人对浪漫世界的遐想。没有任何一种饮料能像鸡尾酒那样适合任何场所,为大多数人喜爱。

如何区分混合饮料和鸡尾酒?

根据含酒精多少,混合饮料分为长饮和短饮。

长饮是指基酒所占比重低、辅料如果汁(汽水)含量较高的低酒精饮料。酒精含量为8%左右的,即为混合饮料。

短饮一般是指基酒所占比重在50%以上,甚至达到70%～80%,这类饮料酒精含量为28%左右,被称为鸡尾酒。

绝大多数鸡尾酒和部分混合饮料都可作为开胃提神的餐前饮料。餐后饮品主要是指含糖较高的甜味饮品。

知识点二:鸡尾酒基本结构

鸡尾酒由基酒、辅料、附加料、调法、用杯、装饰物等组成。

基酒	主要是烈酒,确定了鸡尾酒的基本特征或口味
辅料	对基酒起稀释作用并改善或增加原口味
附加料	含少量成分,起调色或调味作用
调法	鸡尾酒的调制方法和程序
用杯	指鸡尾酒的载杯,根据饮料来选用杯的大小、形状
装饰物	对鸡尾酒起装饰和点缀的作用

知识点三:鸡尾酒常用原料

1. 基酒。基酒或是单一的烈酒,或用葡萄酒或利口酒作为基酒。常用的基酒有伏特加、白兰地、威士忌、金酒、朗姆酒、特基拉酒、利口酒、葡萄酒等。

2. 含碳酸饮料。如苏打水、干姜水、汤力水、七喜、可乐、雪碧等。

3. 果汁饮料。如橙汁、西红柿汁、西柚汁、菠萝汁等。

4. 其他辅料。如石榴汁、柠檬汁、酸橙汁、糖浆、鸡蛋等。

5. 调味料。如辣椒油、盐、糖、苦精、香料、豆蔻、桂皮、胡椒等。

6. 水、矿泉水。

7. 冰块。有方冰、圆冰、碎冰、薄片冰、细冰等。

8. 装饰物。如柠檬片、菠萝块、樱桃、橄榄、鸡尾洋葱、黄瓜皮、芹菜、薄荷叶等。

知识点四：鸡尾酒的命名

鸡尾酒的命名方式主要有以下几种：

1. 根据原料命名。鸡尾酒的名称包含饮品主要原料，如金汤力(Gin & Tonic)等。

2. 根据颜色命名。鸡尾酒的名称以调制好的饮品的颜色命名，如红粉佳人等。

3. 根据味道命名。鸡尾酒的名称以其主要味道命名，如威士忌酸(Whisky Sour)等。

4. 根据装饰特点命名。鸡尾酒的名称以其装饰特点来命名，如马颈(Horse Neck)。许多饮料都会因装饰物的改变而改变名称。

5. 根据典故来命名。很多饮料具有特定的典故，饮料名称以典故命名。

6. 根据酒品的其他特征命名。部分鸡尾酒根据酒品的某一特征命名的，如雾酒(Mist)。它是由于在饮品中加冰块搅拌时，酒杯上会起一层雾，由此得名。

知识点五：鸡尾酒的类型

鸡尾酒是一个庞大的家族，其配方有许多，无法一一道来。我们可根据其调制方法和原料进行大致归类。

下面介绍几类最常见的鸡尾酒：

常见鸡尾酒

类别	材料	冰块与调法	载杯或容器
Buck 霸克	烈酒、柠檬汁、干姜水	方冰/搅拌	海波杯

续表

类别	材料	冰块与调法	载杯或容器
Collins 柯林	烈酒、柠檬汁、糖浆、苏打水、樱桃	冰块或碎冰 摇混/搅拌	12盎司高杯 (柯林杯)
Coolers 库勒酒	烈酒或葡萄酒、干姜水或苏打水、石榴糖浆或糖浆	方冰/搅拌	12盎司~14盎司高杯
Cups 杯饮	烈酒、石榴糖浆、柠檬汁、苏打水、水果装饰	碎冰/摇混	海波杯
Egg Nogs 蛋酒	烈酒、牛奶、蛋、糖、豆蔻粉	摇混	10盎司海波杯、水杯或啤酒杯
Fixe 费克斯	烈酒、柠檬、汤丽水、水果	细冰/搅拌	海波杯
Flips 费立浦酒	烈酒、姜水、苏打水、水	方冰/搅拌	5盎司杯
Highball 海波	烈酒、糖、薄荷叶	碎冰	海波杯
Juleps 朱丽	烈酒、糖、薄荷叶	碎冰	带盖金属杯或海波杯
Punches 宾治	烈酒、葡萄酒、白兰地、牛奶、果汁、糖等	整块碎冰	宾治盆
Rickeys 瑞克	烈酒、朗姆酒、苏打水	冰块/搅拌	海波杯
Slings 司令酒	烈酒、利口酒、果汁、苏打水	冰块/搅拌	12盎司高杯
Sours 酸酒	烈酒、利口酒、果汁、苏打水	方冰/摇混	酸酒杯
Swizzles 四维丝酒	烈酒、甜料、苏打水	碎冰	水罐(pitcher)海波杯

续表

类别	材料	冰块与调法	载杯或容器
Cream 乳脂类	乳脂、烈酒、利口	摇混	鸡尾酒杯或香槟杯
Coffee 咖啡类	烈酒、糖、咖啡、浓乳、白兰地漂浮	摇混	耳杯或葡萄酒杯
Frozen drink 冷饮类	烈酒、其他材料	碎冰/电动	8盎司~12盎司冰镇杯
Ice cream 冰激凌饮料	烈酒、冰激凌、其他材料	摇/电动	8盎司~12盎司冰镇杯
Juice drink 果汁饮料	烈酒、果汁	方冰/掺兑	海波杯
Martini 马丁尼	烈酒、味美思	方冰/搅拌	鸡尾酒杯
Old-Fashioned 古典	波本威士忌(或其他)、糖、苦精、樱桃、橘汁	方冰	古典杯
Pousse cafe 彩虹酒	利口酒类、乳脂、白兰地	掺兑	直身杯
Two-liqueur 甜烈酒	烈酒、利口酒	方冰/掺兑	古典杯

知识点六:鸡尾酒酒谱

酒谱,即鸡尾酒的配方,它是鸡尾酒调制的方法和说明。常见的酒谱有两种,一种是标准酒谱,另一种是指导性酒谱。

标准酒谱是某个酒吧制定的酒谱,用来控制每份鸡尾酒的分量和质量。任何一个调酒师都必须严格按酒谱所规定的原料、用量及程序操作。

指导性酒谱是作为大众学习和参考之用的。这类酒谱所规定的原料、用量等都需根据实际条件来作相应的修改。在学习过程中,通过指导性酒谱,可以了解酒谱的基本结构,在不断摸索中掌握某类鸡尾酒调制的基本规律。

模块2

鸡尾酒的调制

知识点一：鸡尾酒的调制方法

鸡尾酒的调制方法主要有以下四种：

1. 兑和法(Building)

兑和法是将配方中的酒水按分量依次直接倒入杯中，不需搅拌或轻微搅拌几次即可。高杯类饮品、果汁类饮品和热饮等常采用此调制方法。

以彩虹酒的调制为例：

彩虹酒是将不同色泽的酒注入一个杯内，而各种色彩互不混淆，层次分明，色泽艳丽，似雨后彩虹。

配制彩虹酒的关键是要准确掌握各种酒的含糖度，含糖量越高，其密度越大；反之则小。配制时，密度大的先倒入，密度小的后倒入，无糖分的酒放在最上面。

操作时，不可将酒直接倒入杯中，动作要轻，速度要慢，避免摇晃。为了减少倒酒时的冲力，防止色层混合，可将一把吧匙斜插入杯内，吧匙背朝上，将酒倒在吧匙背上，使酒从杯内壁缓缓流下。

配制成的多色酒不宜久放，时间长了，酒内的糖分容易溶解，使酒色混合。

配制多色酒还要掌握注入的各种颜色的酒量要相等，看上去各色层次均匀分明，酒色鲜艳。为提高饮者的兴趣，可在制成的多色酒上燃焰，以烘托欢乐的气氛。

2. 调和法（Stirring）

调和法又称搅拌法，搅拌时要使用调酒杯、吧匙、滤冰器等器具。

调和法有两种：单纯调和法及调和滤冰法。具体方法是先把冰块加入调酒杯中，再把酒水按配方分量倒入调酒杯中。左手拿杯，右手拿吧匙，将吧匙夹在中指和无名指之间，拇指和食指贴住长匙的上部，沿着调酒杯的内侧，顺时针迅速旋转搅动约 10～15 转，使酒均匀冷却。搅拌时间不能太短也不能太长。

倒酒时，左手拿杯，右手用滤冰器（Strainer）过滤冰块，将酒水斟入载杯（也可右手拿杯和滤冰器，左手扶载杯）。如果手头没有滤冰器，可用左手拿杯，右手拿吧匙挡住冰块，将酒水滤入载杯，这种方法被称为“调和滤冰”法。有些酒不需要滤冰，则被称为单纯调和法。

3. 摇和法（Shaking）

摇和法也称摇晃法。当某些成分（糖、牛奶、鸡蛋、果汁）不能与基酒稳定混合时，则用调酒壶调和。一般酒店和酒吧都使用普通调酒壶，也有使用波士顿调酒壶的。

普通调酒壶的具体使用方法是：

先加入冰块，然后把必要的材料按配方要求有序地投放到壶体内。通常，壶内放入材料到 6 成即可，然后把壶盖和滤冰器装上，即可摇晃。

拿壶的时候，右手拇指紧紧压住靠向身前的盖，其他手指握着壶体，左手中指指尖抵着壶底，食指压着滤冰器，其他手指则围住壶体，指尖轻轻地顶住调酒壶。

摇壶的时候，将盖子斜靠于胸前，以这样的姿势为起始，斜向上摇晃至近于眼睛高处，然后倒回原来位置，跟着斜向下摇荡，再回到原来的位置。如此反复直至将材料混合在一起。

滤酒时，左手握壶，右手打开壶的顶盖，将酒滤入鸡尾酒杯，酒液通过壶盖的小孔滤出，冰块则留在壶内。

实际操作时，用左右手对换的相反姿势或用单手摇壶也可以。

摇壶时，还要掌握好时间，时间太长，冰块容易融化成水，会使酒度降低、味道变淡。只要摇到金属调酒壶外面出现白霜即可。

在调酒壶内不能加进汽水类材料，以免产生泡沫。

对奶油、鸡蛋等不易混合的材料，要大力摇匀。

用此方法调制的鸡尾酒多使用鸡尾酒杯或香槟杯。

4. 电动搅和法(Blending)

当调制的酒品中含有水果块或固体食物时，可用搅和法调制。

操作时，先将调制材料和碎冰按配方放入搅拌机中迅速搅拌10秒左右，然后将酒品连同冰块一起倒入杯中。

知识点二：调酒术语

1. 烈酒(Spirit)

烈酒是指酒精含量较高的酒，广义上讲，它包含了所有蒸馏酒，如金酒、伏特加、朗姆酒、特基拉酒以及中国的茅台、五粮液等无色透明的蒸馏酒。烈酒在我国又被称为白酒。

2. 基酒(Base)

基酒是调配鸡尾酒时必不可少的基本原料酒。作为基酒的酒须是蒸馏酒、酿造酒、配制酒中的一种或几种，一般以前两种为多。

3. 餐前鸡尾酒(Aperitif Cocktail)

餐前鸡尾酒又称开胃鸡尾酒。过去，主要指马天尼、曼哈顿两种。葡萄酒、雪利酒等为基酒的辣味鸡尾酒也已成为餐前鸡尾酒的新成员。

4. 酒精饮料(Alcohol Drink)

酒精饮料指酒精含量在0.5%以上的饮料。酒精饮料在制法上分为酿造酒、蒸馏酒、配制酒三类。

5. 硬饮(Hard Drink)

硬饮是指除啤酒、葡萄酒以外的高酒精度饮料。

6. 软饮(Soft Drink)

软饮又称软饮料，是指不含酒精或酒精含量不到0.5%的饮料。碳酸饮料、乳酸饮料以及咖啡、红茶等均为软饮。

7. 混合饮料(Mixing Drink)

混合饮料泛指鸡尾酒。一般指用冰冷却后注入带脚的杯子，在短时间内饮用的饮料。

8. 干、半干(Dry & Semi dry)

指酒混合后的味为辣味而不是甜味的酒。

9. 品味与风格(Style)

品酒时使用的专门术语，有品味、味道等意思。

10. 混合(Mix)

是调制鸡尾酒的方法之一,使用混合器使饮料混合。

11. 直入(Build)

调制鸡尾酒的方法之一,又称兑和法,是将材料直接放入鸡尾酒杯中调制而成。

12. 调和(Blend)

调制鸡尾酒的方法之一。指用吧匙迅速搅拌酒杯中的材料和冰块。

13. 摇和(Shake)

调制鸡尾酒的重要方法之一。其目的一是缓和烈酒的冲味,易于饮用;二是使不易混合的材料迅速混合。

14. 清尝(Neat)

是指只喝一种纯粹的、不经任何加工的饮料。如在美国的酒吧,点一份威士忌时,侍者会问 On the rocks(加冰饮用)还是 Straight(纯净的),一般回答是 Up(纯净的)或 Over(加冰饮用),也可说 Neat(即清尝)。

15. 漂浮(Floating)

是指一种利用酒的比重,使同一杯中的几种酒不相混合的调酒方法。

知识点三:鸡尾酒的调制步骤

调制鸡尾酒时要特别注意先后顺序:

1. 准备酒水。先按配方把所需酒水备齐，放在调酒工作台上的专用位置上。

2. 准备用具。把所需调酒用具、酒杯、香料、装饰品准备好。

3. 调酒。具体程序为：

(1)取瓶。取瓶是指把酒瓶从操作台上取到手中的过程。取瓶一般有从左手传到右手或从下方传到上方两种方式。用左手拿瓶颈部传到右手上，用右手拿住瓶的中间部位，或直接用右手从瓶的颈部上提至瓶的中间部位。要求动作快、稳。

(2)示瓶。即把酒瓶展示给客人。从取瓶到示瓶动作应连贯。

(3)开瓶。用右手拿住瓶身，左手中指逆时针方向向外开启瓶盖(用力得当时，可一次旋开)，并用左手拇指和食指夹起瓶盖存于掌心。开瓶是在酒吧没有专用酒嘴时使用的方法。

(4)量酒。开瓶后，立即用左手中指、食指与无名指夹住量杯(根据需要选择量杯大小)，两臂略微抬起呈环抱状，把量杯放在靠近调酒用具的正前上方约 3.3 厘米处，量杯要端平。然后用右手将酒倒入量杯，倒满后收瓶，同时将酒倒进所用的调酒用具中。用左手拇指顺时针方向盖盖儿，最后放下量杯和酒瓶。

(5)调制酒水。根据鸡尾酒配方选择相应的调制方法。

(6)制作装饰物。

4. 提供酒水服务。

5. 清理工作台，清洗调酒用具，将用完的酒水、香料放回原处。

酒吧服务

模块1

酒吧服务标准

酒吧是为客人提供酒水、饮料服务的场所。酒吧既要承担独立对客服务的任务，同时，还必须为各类餐厅提供酒水服务，无论采取何种服务方式，酒吧内部运行的操作规程都基本相同。

知识点一：调酒服务标准

在酒吧，客人与调酒师之间就隔着一个吧台，调酒师的任何动作都在客人的目光之下。调酒师不但要注意调酒的方法、步骤，还要留意操作姿势及清洁卫生，任何细小的差错或不当的行为都会令客人不适。

1. 调制姿势与动作

(1)调酒时，姿势要端正，不弯腰，不蹲下调制。尽量面对客人，落落大方，不加掩饰。动作要潇洒、轻松、自然、准确。

(2)用手拿杯时，要拿杯的底部，不要握杯子的上部，更不能用手指碰杯口。

(3)调制过程中,尽可能使用各种工具,不要用手,如不能用手抓冰块,而应用冰夹把冰块放入杯中。

(4)不能有摸头发、揉眼、掏耳朵、擦脸等小动作,也不准在吧台内梳头、照镜子、化妆等。

2. 调制顺序与时间

(1)要先为早到的客人调制酒水;同来的要先为女士、老人和小孩调制饮料。

(2)调制任何酒水时间都不能太长:

◇ 一般的果汁、汽水、矿泉水、啤酒可在1分钟内完成。

◇ 混合饮料要在1~2分钟内完成。

◇ 鸡尾酒包括装饰物要在2~4分钟内完成。

◇ 有七八位客人同时点酒水时,可先一一答应下来,再按次序调制,一定要答应客人,不能不理睬客人只顾自己做。

3. 卫生标准

(1)稀释果汁、调制饮料要用冷开水,无冷开水时可用容器盛满冰块再倒入开水。不能直接用自来水。

(2)调酒师要经常洗手,保持手部清洁。

(3)配制酒水时有时允许用手,例如拿柠檬片、做装饰物。

(4)不准使用过期、变质的酒水及腐烂变质的水果及食品。

(5)要特别留意新鲜果汁、鲜牛奶和稀释后果汁的保鲜期,天气热更容易变质。

(6)其他卫生标准可参看《中华人民共和国食品卫生法》。

4. 观察、询问与良好服务

(1)要注意察看吧台表面有无酒水残迹,经常用干净湿毛巾擦抹。

(2)要注意观察酒吧台面,看到客人快喝完酒水,要及时询问客人是否再加一杯。

(3)及时更换客人使用过的烟灰缸。

(4)要经常为客人斟酒水。

(5)客人抽烟时要提供点火服务。

(6)在调酒服务中,因各国客人的口味、饮用方法不尽相同,有时会提出一些特别要求与特别配方,调酒员甚至酒吧经理也不一定会做,这时,可以询问、请教客人,也会得到满意的结果。

5. 清理工作台

(1)工作台是配制、供应酒水的地方。每次调制完酒水,一定要把用完的酒水放回原处,不要堆放在工作台上。

(2)斟酒时,有时会将酒水滴洒或不小心倒在工作台上,这时要及时擦拭干净。

(3)专用于清洁、擦手的湿毛巾,用完后要叠成整齐的方形,不要随手捏成一团。

知识点二:待客服务标准[①]

1. 接听电话

(1)拿起电话,用礼貌用语称呼对方,切忌用“喂”来称呼对方。

(2)报上酒吧的名称,需要时记下客人的要求,例如订座人数、时间、客人姓名、公司名称等。

(3)要简单准确地回答客人的询问。

---

① 待客服务标准参见丛书《饭店服务礼仪训练手册》。

2. 迎接客人

(1)客人来到酒吧时,要主动招呼客人。

(2)面带微笑向客人问好,并用优美的手势请客人进入酒吧。

(3)若是熟悉的客人,可直接称呼客人的姓氏,使客人有亲切感。

(4)如客人要存放衣物,提醒客人将贵重物品和现金带走,然后给一记号牌帮客人保管。

3. 领客人入座

(1)带客人到合适的座位前就座:

◇ 单个客人喜欢到酒吧台前的吧椅就座;

◇ 两个或几个客人可领到沙发或小台前;

◇ 如果客人需要等人,可选择能够看得到门口的座位。

(2)帮客人拉椅子,让客人入座。

4. 递单

(1)客人入座后,可立即递上酒水单(先给女士们)。如果几批客人同时到达,要先一一招呼客人,再递上酒水单。

(2)要将酒水单直接递到客人手中,不要放在台面上。

(3)如果客人在谈话,可稍等几秒钟,或者说"对不起,先生/小姐,请看酒水单"然后递给客人。

(4)有的酒水单是事先放在小台上的,可从台上拿起来再递给客人。

(5)要特别留意酒水单是否平整干净,千万不要将肮脏的或模糊不清的酒水单递给客人。

5. 点单

(1)递上酒水单后,根据情况稍等一会儿,可微笑地问客人:

“对不起,先生/小姐,我能为您写单了吗?”

“请问您要喝点什么?”

(2)如果客人还没有做出决定,服务员可为客人提供建议或解释酒水单。但要事先清楚酒吧供应酒水的情况。

(3)如果客人在谈话或仔细看酒水单,不必着急,可再等一会儿。

(4)有时客人会请调酒师介绍饮品,这时,调酒师要先问客人喜欢喝什么味道的饮料,然后再作介绍。

6. 写单

(1)客人点了酒水后,要重复一遍酒水名称,得到确认后再填单。

(2)为了减少差错,供应单上要写清楚座号、台号、服务员姓名、酒水饮料品种、数量及特殊要求。

(3)未写完的行格要用笔划掉。

(4)要记清每种酒水的价格,随时回答客人询问。

7. 供应酒水

(1)调制好酒水后可先将饮品、纸巾、杯垫和小食品放在托盘中,用左手托好,走近客人并说:“请让一让,这是您要的饮料。”

(2)上完酒水后可说:“请您慢用。”

(3)坐在吧椅上的客人可直接将酒水、杯垫、纸巾拿到酒吧台上而不必用托盘服务。

(4)上酒水时,要从客人的右侧服务。

(5)几个客人同坐一台时,如记不清哪位客人点要了什么酒水,要问清楚后再上给客人。

8. 更换烟灰缸

有关更换烟灰缸的操作规范请参见配套用书《酒吧服务训练手册》中的相关内容。另外补充两点：

(1)如果客人坐在吧台前的吧椅上，可不用托盘撤换烟灰缸。

(2)如果客人把没抽完的香烟架在烟灰缸上时，可在用过的烟灰缸旁并排摆上一个干净的烟灰缸，把架在烟灰缸上的香烟移到干净的烟灰缸上，然后再取另一个干净的烟灰缸盖在用过的烟灰缸上，一起取走。

9. 斟倒酒水

(1)当客人喝了大约半杯酒水后，要为客人续斟。

(2)续斟时，右手拿瓶或罐，倒杯容量的85%即可。注意不要满到杯口。

10. 撤空杯或空瓶罐

(1)要随时留意客人的酒水是否快喝完了。如杯子里只剩一点点，而台上已无酒水瓶或罐，就可以走到客人的身边，问客人是否再来一杯。

(2)当杯子已经喝空后，可以拿着托盘走到客人身边："我可以收去您的空杯子吗?"客人点头允许后再把空杯撤走。

(3)只要台面上有空瓶或空罐，就要马上撤下来。有时客人会把倒空的易拉罐捏扁，就是暗示这个罐的酒水已经倒空，应马上撤掉。

11. 为客人点烟

有关为客人点烟的操作规范请参见配套用书《酒吧服务训练手册》中的相关内容。

12. 结账收款

(1)客人要求结账时,要立即到收银台处取账单。

(2)拿到账单后,先检查一遍台号、酒水的品种、数量是否准确。

(3)用账单夹放好账单,拿到客人面前,并有礼貌地说:"这是您的账单,共消费×元×角。"注意切不可大声读出账单上的消费额。有些做东的客人不希望他的朋友们知道账单的数目。

(4)如果客人认为账单有误,绝对不能同客人争辩,应立即到收银台重新把账单和供应单核对一遍,有错的马上改正,并向客人致歉;没有错的,可以向客人解释清楚每一项的价格,以取得客人的谅解。

13. 送客

(1)客人结完账后,应帮助客人移开椅子让客人容易站起来。

(2)客人如有存放的衣物,持记号牌帮客人取回衣物,注意客人有无拿错或少拿。

(3)送客人到门口并致意:"谢谢光临"、"再见"。说话时要面带微笑,眼睛看着客人。

14. 清理台面

客人离开后,用托盘将台面上所有的杯、瓶、烟灰缸等全部收掉。再用湿毛巾将台面擦干净,重新摆上干净的烟灰缸和其他用具。

15. 托盘要领

有关托盘的要领参见配套用书《酒吧服务训练手册》中的相关内容。

16. 擦洗酒杯

有关擦酒杯的操作规范请参见配套用书《酒吧服务训练手册》中的相关内容。需要补充的是，为了防止清洗杯具时水龙头碰坏杯具，可在水龙头上套上一小段橡皮胶管。

模块2

酒水服务操作技能

知识点一：示瓶

1. 示瓶的目的

在点菜餐厅和酒吧，顾客常点用整瓶酒，凡顾客点用的酒品，在开启之前都应让顾客过目一下，一来表示对客人的尊敬，二来是为了核实有无差错，三来证明酒品质量可靠。

2. 规范的操作方法

服务员站于主饮者(大多为点酒者,或者是男主人)的右侧,左手托瓶底,右手扶瓶颈,瓶身呈45度角,酒标面向客人,让其辨认。得到客人认可后,方能进行下一步的工作。

示瓶往往标志着酒水服务工作的开始。

知识点二:冰镇

冰镇瓶酒需要冰桶。

为防止凝结水滴弄脏台布,可用一个托盘托住桶底,桶中放入冰块(不宜过大、过碎),酒标向上,将酒瓶插入冰块中。之后,再用一块布巾搭在瓶身上,将桶送至客人桌台上。

有些饮用温度较低的酒,也可放入冰柜中冷冻或冷藏处理。

知识点三:溜杯

溜杯是通过降低杯子的温度,降低酒水品饮温度的方法。

具体操作手法是:服务员手持杯脚,在杯中放置一个冰块,然后摇转杯子,使冰块产生离心力在杯壁上溜滑,达到降低杯子温度的目的。品饮有些酒品要求溜杯至杯壁溜滑凝附一层薄霜为止。

也有用冰箱冰藏杯具降低杯温的方法,但不适用于高雅、豪华场所。

知识点四:温烫

温烫有四种常见方法:火烤、水烫、燃烧和冲泡。

1. 火烤。即把酒装入耐热器皿,置于火上升温。

2. 水烫。即将饮用酒水事先倒入烫酒器,然后置入热水中升温。

3. 燃烧。即将酒盛入杯盏中，点燃酒液以升温。

4. 冲泡。即将沸腾饮料（水、茶、咖啡等）冲入酒液，或将酒液注入热饮料中。

知识点五：开瓶（开罐）

世界各类酒品的包装方式多种多样，以瓶装酒和罐装酒最为常见。开启瓶塞、瓶盖，打开罐口都有一定的技巧和方法。

有关葡萄酒瓶塞的开塞方法参见配套用书《酒吧服务训练手册》中的相关内容。另外补充几点：

1. 选用正确的开瓶器。开瓶器又名开瓶刀，有两大类型：一类是开瓶塞的螺丝拔，一类是专开瓶盖的扳手。螺丝拔螺旋部分要长（有的软木塞长达八九厘米），头部要尖，切不可带刀，以免割破木塞。螺丝拔上最好装有一个起拔杠杆，以利于拔起操作。

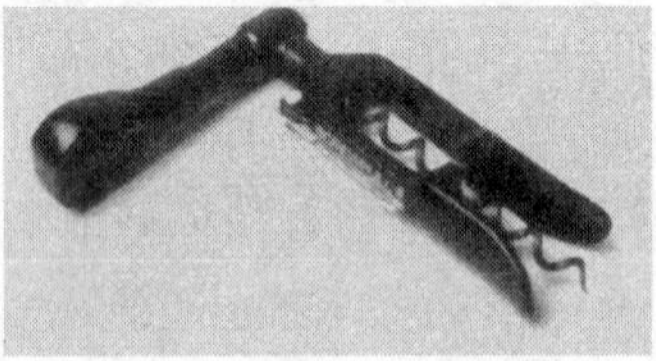

2. 开瓶时，尽量不要晃动瓶体。一般将酒瓶放在桌上开启，动作要准确、果断。万一软木塞有断裂的危险，可将酒瓶倒置，用瓶内酒液的压力顶住断塞，然后再旋进螺丝拔。

3. 开任何瓶罐，开拔的声音越轻越好。那种放炮式的开瓶拔塞的方式在国际上已经很少见了。

4. 拔出瓶塞后要进行检查，以判断瓶中酒是否是病酒或坏酒，原汁酒的开瓶检查尤为重要。检查的方法主要是嗅辨，以嗅瓶塞插入瓶内的那一部分为主。

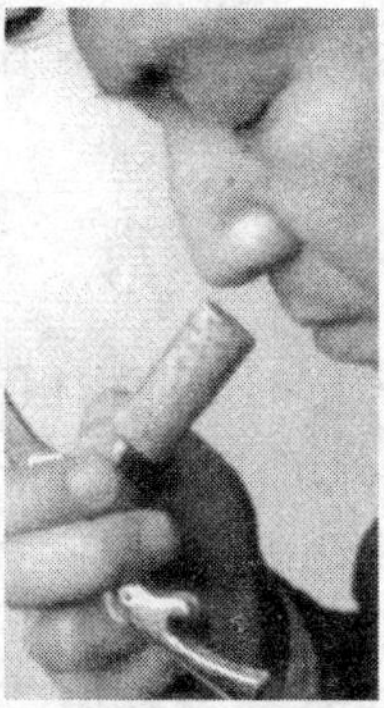

5. 开启瓶塞(盖)以后,要仔细擦拭瓶口,将积垢等脏物擦去。擦拭时,当心污垢落入瓶内。

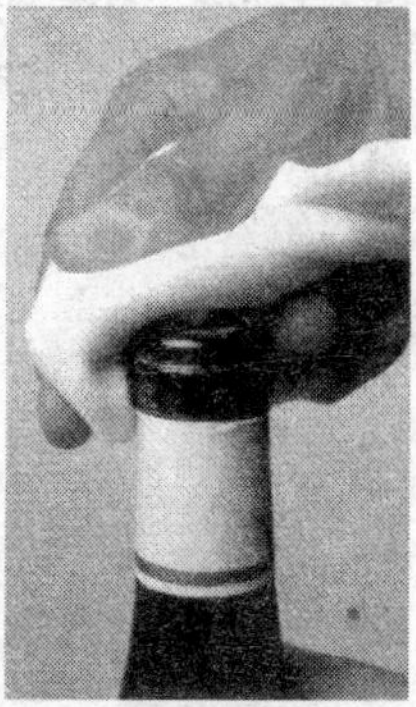

6. 开启的酒瓶酒罐,原则上应留在客人的餐桌上,一般放在主要客人的右手一侧,瓶子下面需用衬垫,以防弄脏台布。使用冰桶的冰镇酒品连同冰桶一起放在餐桌上,使用酒篮的陈酒连同酒篮一起放在餐桌上。空瓶空罐一律撤收离台。

7. 开启的封皮等物不要直接放在桌子上,一般以小盆盛之,在离开餐桌时一并带走,切不可留在客人面前。

8. 开启带汽或者冷藏过的酒罐封口时，常会有水汽喷射出来。在当着客人面打开时，应将开口一方对着自己，并用手握遮，以示礼貌。

知识点六：滗酒

许多多年陈酒都有一定的沉淀物积于瓶底，为了避免斟酒时产生混浊现象，需事先剔除沉渣以确保酒液纯净。

可用专门的滗酒器滗酒去渣。

没有滗酒器时，可用大水杯代替，方法如下：

1. 事先将酒瓶竖立若干小时，使沉渣积于瓶底。

2. 再横置酒瓶，动作要轻。

3. 准备一个光源，置于瓶子和水杯的那一端。

4. 操作者位于瓶子和水杯这一端，慢慢将酒液滗入水杯，当接近含有沉渣的酒液时，需要沉着、果断，争取滗出尽可能多的酒液，剔除混浊物质。

5. 滗好的酒可直接斟倒给客人。

知识点七：斟酒

在非正式场合，斟酒可由客人自己来做，但在正式场合，斟酒是服务人员必须进行的一项服务。

1. 斟酒的方法

(1)托盘斟酒

托盘斟酒时，服务人员站在客人的右后侧，右脚向前，插进两椅之间，侧身而上，左脚微微踮起。左手托盘，保持平稳，右手拿瓶斟酒，手势自然，握住酒瓶中部，酒瓶的商标朝向客人，瓶口离杯口2厘米，动作要稳，手法要轻，举止稳重，自然大方。

(2)徒手斟酒

如果一桌客人一次用同一瓶酒，一般采用徒手斟酒。斟酒的要领同上。左手应持一块干净的餐巾放在身后，斟完后可擦去瓶中的酒液。

徒手斟酒可分为桌斟和捧斟。桌斟是将酒杯放在桌上为客人斟酒；捧斟是右手握瓶，左手将酒杯捧在手中，站在客人的右后侧，再向杯内斟酒，然后将斟好酒的酒杯放在宾客的右手处。捧斟适用于非冰镇处理的酒。

2. 斟酒量

(1)中餐斟倒各种酒水时，一律以七八分满为宜，以示对客人的尊敬。

(2)西餐斟酒不宜太满，红葡萄酒斟至 1/2 处，白葡萄酒斟至 2/3 处为宜。

(3)斟香槟酒要分两次进行，先斟至杯的 1/3 处，待泡沫平息后，再斟至杯的 2/3 处即可。

(4)白兰地酒斟二成满(即将酒杯横放时，杯中酒液与杯口平齐)。

(5)啤酒顺杯壁斟，分两次进行，一般酒液占 2/3，泡沫占 1/3 为佳。

3. 斟酒的顺序

(1)在一般场合，服务人员可先为一桌的长者斟酒；是一对夫妇的，应为女士先斟。

(2)中餐宴会先斟主宾，后斟主人，再按顺时针方向依次操作。

(3)西餐宴会用酒较多，几乎每道菜跟一种酒，吃什么菜跟什么酒，应先斟酒后上菜，其顺序为：先女主宾，后男主宾，然后主人，再为其他客人斟倒。

4. 斟酒注意事项

(1)斟倒时应向客人示酒,示酒方法见上面内容。

(2)斟酒时,瓶品不要碰到杯口,但也不要将酒瓶拿得过高。

(3)斟完一杯酒抬起瓶口时,应顺势向顺时针方向转动酒瓶1/4圈,使最后一滴酒随着瓶身的转动均匀地分布在瓶口边沿上。避免酒水滴在台布或宾客身上。要注意抬起瓶口和转动瓶身两个动作要同步进行。

(4)随时注意瓶内酒量,以适当的倾斜度控制酒液流出速度。

(5)凡使用冰桶冰镇的酒,从冰桶中取出酒瓶时,应以一块餐巾包住瓶身,以免瓶身上的水滴弄脏台布或宾客的衣服;凡使用酒篮的酒,瓶颈下应衬垫一块餐巾或纸。

(6)由于操作不慎将酒杯碰翻时,应向宾客表示歉意,立即将酒杯扶起,检查有无破损,如有破损,要立即另换新杯。迅速用干净餐巾铺在酒迹上,然后将酒杯放回原处,重新斟酒。如果是宾客不慎将酒杯碰破、碰倒,服务人员也要这样做,并给予客人一定的安慰。

(7)在进行交叉服务时,要随时观察每位客人酒水的饮用情况,当客人酒水喝至1/3时应及时添加。

(8)在斟软饮料时,要根据宴会所备品种放入托盘,请客人选择,待客人选定后再斟倒。

(9)在宴会进行中,宾主一般都要致词祝酒。在讲话开始前,要将酒水斟齐,以免祝酒时杯中无酒;宾主讲话时,服务人员要停止一切操作,端正安静地站于适当的位置处(一般站在边台两侧);讲话结束后,负责主桌的服务人员要将讲话者的酒水送上以供祝酒之用。有时,讲话者要走下讲台向各桌宾客敬酒,这时要有服务员托着酒瓶跟在其身后,为其及时添加酒水。

模块3

酒吧服务技巧

知识点一:培养良好的工作习惯

1. 工作时间不串岗,如果确实有事需要暂时离开,一定要告知其他工作人员。

2. 未经许可不打电话。接电话要使用敬语,长话短说。

3. 工作井然有序。用完任何一样物品立即放回原处,这样别人或自己需要时能很快找到。

4. 即使酒吧没有一个客人,也不要将报纸铺在吧台上阅读。

5. 看见地上有软木塞,要随时捡起,不要一踢了之。

6. 不要将抹布、擦杯布或任何清洁用品放在吧台上。

7. 抹布是专门用来擦桌子、金属器皿、烟灰缸等物品的,不要另做他用。

8. 清洗杯具、擦杯具不应使用同一块餐巾布。

9. 要确保烟灰缸和杯垫等物品时时刻刻都是干净的。

10. 吧台用的水管软而细,水溢出的可能是很大的。任何人用完水,一定要关掉水龙头。

11. 一定要不断清洗量酒器,残留有朗姆酒的量酒器肯定会影响伏特加酒的风味。

12. 收回空酒瓶时,要将瓶中的残液倒尽。

13. 切勿将空酒瓶扔进空瓶箱内,防止酒瓶破碎伤到自己和清洁工。

14. 营业期间,酒吧服务员和调酒员不得喝任何酒水饮料。

15. 必须用专门的本子或表格记录每日当班出售酒水数量,不可拖到下一班。

16. 营业结束时要擦净金属器皿,冲洗、擦净所有杯具,尤其是水槽。水槽中的污物会增加第二天清洁工作的难度。

17. 要特别注意,不要拿走客人桌子上还有剩余饮品的杯子,免得客人投诉。

18. 任何客人的遗留物品如珠宝、手提包、打火机、雨伞甚至半包香烟等都要交给上级,切不可据为己有。

19. 关吧前检查一下门背后和一些阴暗处,防止有人躲在这些地方,等无人时出来偷窃。

知识点二:顾客类型与酒水服务策略

酒吧或饭店的客人来自世界各地,不同客人的生活习惯、个性、嗜好等均不相同,我们应针对不同类型的客人掌握不同的酒水服务策略。

由于这部分内容在《酒吧服务训练手册》中已有述及,这里就不再重复,关于客人类型现补充如下内容:

1. 缺乏主见型。这类顾客没有主见,对于点何种酒水很难下决心。在服务这类客人时,应恳切地向客人介绍酒水并提出建议,引导他们快速做出决定,这样既节省了时间,又增加了客人的信心。

2. 老马识途型。这类客人对酒水产品和服务了如指掌,服务时最好多听他们说话,不要反驳他们所讲的内容,他点什么就给他什么,并按其要求、习惯提供相应服务。

3. 多情型。这类客人喜欢对女服务员说话，而且说起来就没完没了。为这类客人服务时，最好想办法诱导其尽快切入正题，避免与其长时间纠缠，以免耽误了对其他客人的服务。

4. 慢吞吞型。这类客人喜欢东张西望，动作较慢，说话时吞吞吐吐，需要经过很长时间才能做出决定。服务这类客人时要有耐心，千万不要流露出不耐烦的表情，而且最好能帮其迅速做出决定。

5. 优柔寡断型。这类客人处理事情始终犹豫不决，即使已经下了决定，又会改变，总认为别人选择的比自己的好。为这类客人服务时，应鼓励他接受自己的决定。

6. 家庭型。这类客人到酒吧消费，酒水服务员应更加细心，若能够提供照顾小孩的服务，会使客人感到很安心、很愉快、很满足。

7. VIP 型。这类客人对酒水服务要求很高，要把他们视为"国王"来服务。

8. 骚扰型。这类客人不够庄重，希望女性服务员只为自己服务不为别人服务，并可能有过分的行为。服务这类客人要坚持原则，必要时报告上司。

9. 无理取闹型。为这类客人服务时，要学会控制自己的情绪，尤其要注意自己讲话的语气是否礼貌，切记不要与他们争辩，如无法应付时，应报告主管人员，由他们来妥善处理。

10. 酒醉型。这类客人到酒吧一定得喝酒，且每饮必醉。当他们喝醉时，尽量不要注意他，不要与他谈话，只要他不吵闹就可以了。如果醉倒了，应安排其到休息室休息，给予特殊的照顾，这样会赢得客人的信任。

在为客人服务时，最好先仔细观察他们的个性，看他们属于哪种类型，再提供个性化服务。

知识点三：处理醉酒客人的方法

适量饮酒可以促进人体血液循环，舒筋活血，有益于身心健康，但是过量饮酒则有害于人体健康，甚至会出现酒精中毒，严重的会破坏脑神经组织，危及生命。

酒吧是专供客人饮酒休息的场所，一旦有人醉酒，不仅会给日常服务工作带来麻烦，有时还会造成不必要的经济损失。因此，酒吧调酒员和服务员在服务工作中一定要保持清醒的头脑，正确判断客人的饮酒情况，随时控制醉酒客人的供应量，一旦醉酒，应立即向主管汇报，妥善处理，尽量减少不必要的损失。

要知道客人是否醉酒，首先必须了解醉酒程度以及血液中酒精浓度对人体的影响：

第1级——爽快，血液中酒精浓度为0.02%～0.04%，对于人体有轻微的影响，具体表现为心情舒畅。

第2级——激动，血液中酒精浓度为0.05%，此时饮酒者表现得十分快活，情绪激动，意气昂扬，说话较多，声音也很大。

第3级——稍有醉意，血液中酒精浓度为0.1%，饮酒者脚步不稳，有睡意。

第4级——微醉，血液中酒精浓度为0.2%，此刻的表现为话特别多，说同样的话，几乎不能单独一人行走，别人搀扶时也有些歪歪斜斜。

第5级——大醉，血液中酒精浓度为0.3%，此刻的饮酒者言语不清，表情异常，甚至易哭易笑、乱扔东西，常讲自己没醉。

第6级——酩酊大醉，血液中酒精浓度为0.4%，表现为反应迟钝，言语含糊不清，走路困难，不管在哪里，躺下就睡，摇晃后会呕吐。

第7级——烂醉，又称为昏睡期，血液中酒精浓度达0.5%，处于烂醉如泥状态，如果血液中酒精浓度达到0.8%～1%，就可能导致中毒死亡。

解酒的方法很多：

1. 控制客人的饮酒量，防止醉酒现象发生。

2. 给醉酒客人喝一杯柠檬汁或橘子汁,加上大量蜂蜜。柠檬汁中含有的维生素 C 和蜂蜜中的糖分能加快体内分泌出解酒物质。

3. 将客人的上半身抬高,把衣服和领带松开。

4. 如果客人脸色苍白,切记不能着凉。

5. 用冷毛巾敷在客人头部。

6. 让客人躺下休息并避开风口。

7. 情况严重时,要立即与相关部门联系,准备休息室让客人休息。

8. 醉酒严重时客人可能会呕吐,呕吐时要让客人的脸侧过来,并准备好热毛巾和温水。

9. 处理醉酒客人时要始终保持其身体温暖,醒酒后立即送上咖啡或红茶。

10. 照顾好客人的遗留物品,如有同伴,应当面点清遗留物品,并记录在案,待客人酒醒后交给客人。

11. 如果用出租车将客人送走,必须记下客人随身携带的物品以及出租车的车号,出租车所属单位,以防不测。

12. 如果客人醉酒情况较严重,处于危险状态时,须及时向上级请示汇报,找医生前来护理或拨打急救电话。

13. 处理完毕后应将处理方法及结果记录在案,并及时向上级汇报。

职业能力测试

1. 辨别各种酒具和饮料器具

(1)将各式酒具、饮料用具等放于铺有桌巾的桌上,再将每项酒具、饮料用具编号;

(2)用随机抽样的方式,说出某一编号酒具/饮料用具的名称及功用;

(3)查看学习手册,直到完全了解所有酒具及饮料用具为止。

2. 一人扮演服务员,其余人扮演客人。客人点饮料,服务员拿出相应的杯子斟饮料给客人。

3. 观看酒吧录像、图片等声像资料感性认识酒吧。

4. 请你一一说出酒吧内的各项设备。

5. 说一说国际酒单由哪几部分组成。

6. 1 夸脱 =________品脱

1 盎司 =________餐匙

1 标准量杯 =________盎司

1 盎司液 =________毫升

7. 咖啡产品有几个种类?

8. 如何辨别咖啡豆的鲜度及质量?

9. 按商业习惯,茶叶分为哪些种类?每种茶的特点是什么?

10. 如何辨别茶叶的品质?

11. 准备威士忌、白兰地、金酒、伏特加、朗姆酒、特基拉酒的各种品牌的酒瓶,认知名品。

12. 说出各种酒的服务操作方式。

13. 说出各种酒的饮用方式。

14. 苏格兰威士忌的特点是什么?

15. 朗姆酒和特基拉酒在饮用上的特点是什么?

16. 说出中国白酒的香型及名品。

17. 辨别各大类酒(啤酒、葡萄酒、香槟酒、黄酒)的标签上的内容。

18. 客人点红葡萄酒、白葡萄酒、玫瑰红葡萄酒,服务员推荐相应的菜肴。

19. 如何鉴别葡萄酒的品质?

20. 练习鸡尾酒的四种调制方法。

21. 练习制作装饰物。

22. 练习调制彩虹酒。

23. "直入"是什么意思?

24. 模拟表演,根据客人所点酒水的名称,服务员拿出相应的酒杯,以该酒的斟酒规范斟酒。

25. 在酒吧服务中遇到无理取闹的客人怎么办?

26. 你所负责服务的三位客人在酒吧喝得酩酊大醉,不停地呕吐、胡言乱语,并且乱摔东西,作为酒吧工作人员你将如何处理?

27. 一人扮演客人,一人扮演服务员,模拟练习酒吧对客服务的整个过程。

后　　记

在旅游行业培训教材研发中心的统一组织下，我们在长期教学实践及亲临饭店工作的基础上，组织任课教师编写了这本《酒吧服务学习手册》。我们希望这本手册的编写出版，能为旅游饭店的职业培训提供一个新思路。

本书由栗书河主编，参编人员有胡滨、徐文、赵金惠、陈萍、周芳、胡志勇、廉璐琦、谭晓宇、白丽香等。

在编写本书的过程中，我们听取了许多专家、学者的宝贵意见，参阅了大量资料，在此向这些提供书籍和资料的作者表示衷心感谢。

全套教材有待在实践操作和使用过程中进一步修改和完善，敬请读者不吝指正。

编　者

责任编辑:景晓莉

图书在版编目(CIP)数据

酒吧服务学习手册/栗书河主编;旅游行业培训教材研发中心组织编写.—北京:旅游教育出版社,2006.7
(跟我学饭店服务)
ISBN 7-5637-1389-1

Ⅰ.酒… Ⅱ.①栗… ②旅… Ⅲ.餐厅—商业服务—职业教育—教材 Ⅳ.F719.3

中国版本图书馆 CIP 数据核字(2006)第080027号

跟我学饭店服务
酒吧服务学习手册
旅游行业培训教材研发中心组织编写
栗书河　主编

出版单位	旅游教育出版社
地　　址	北京市朝阳区定福庄南里1号
邮　　编	100024
发行电话	(010)65778403 65728372 65767462(传真)
本社网址	www.tepcb.com
E-mail	tepfx@163.com
排版单位	首都经济贸易大学出版社激光照排部
印刷单位	中国科学院印刷厂
经销单位	新华书店
开　　本	850×1168　1/32
印　　张	6.75
字　　数	143千字
版　　次	2006年9月第1版
印　　次	2006年9月第1次印刷
定　　价	14.00元

(图书如有装订差错请与发行部联系)